CODE

DU

VOYAGEUR EN CHEMIN DE FER

EXPLIQUÉ

PAR LES ARRÊTÉS, TARIFS, CAHIERS DE CHARGES, PAR LES

ORDONNANCES, LES LOIS ET PAR LES CIRCULAIRES

ET DÉCISIONS MINISTÉRIELLES

ET COMMENTÉ

PAR LA JURISPRUDENCE DES COURS ET DES TRIBUNAUX

par

V. LECOT

AVOCAT.

PARIS

Chez M. MATHIEU, libraire,

28, boulevard Bonne-Nouvelle, 28.

—

1867

CODE

DU

VOYAGEUR EN CHEMIN DE FER

—

CODE

DU

VOYAGEUR EN CHEMIN DE FER

EXPLIQUÉ

PAR LES ARRÊTÉS, TARIFS, CAHIERS DE CHARGES, PAR LES

ORDONNANCES, LES LOIS ET PAR LES CIRCULAIRES

ET DÉCISIONS MINISTÉRIELLES

ET COMMENTÉ

PAR LA JURISPRUDENCE DES COURS ET DES TRIBUNAUX

PAR

V. LECOT

AVOCAT.

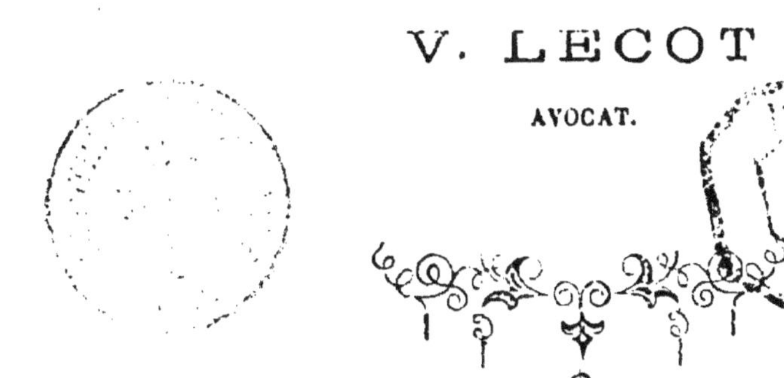
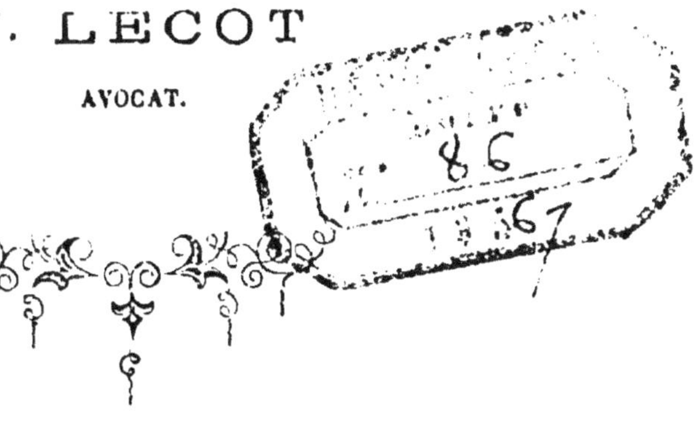

SAINT-ÉTIENNE

IMPRIMERIE BENEVENT

Place de l'Hôtel-de-Ville, 1.

———

1867

AVANT-PROPOS

A toutes les époques et dès les temps les plus reculés les peuples ont cherché les moyens de communiquer promptement et facilement entre eux.

L'on a compris partout qu'une chose inutile sur un point où elle abonde, devait acquérir de la valeur en la transportant dans un lieu où elle est nécessaire aux besoins de la consommation. Dans ses études incessantes, l'homme, dans ce but, a expérimenté tous les éléments. L'eau, l'air et le feu ont tour à tour servi de champs de bataille aux intelligences d'élite qui, méconnues d'abord, sont plus tard sorties triomphantes de ces luttes pacifiques mais glorieuses et fécondes pour l'humanité.

De là, la navigation, les aréostats, le télégraphe électrique et les voies ferrées.

Toutes ces créations du génie de l'homme ont eu pour objet la suppression des distances et la prompte communication des peuples entr'eux.

L'invention des chemins de fer mûs par la vapeur, a résolu ce grand problème qui doit tourner au profit du progrès et de la civilisation.

C'est là un merveilleux instrument dont Dieu s'est servi pour faire disparaître ces brandons de discorde, derniers restes de la barbarie, qui viennent encore, hélas ! trop souvent allumer la guerre entre nations et susciter entre les peuples ces duels sanglants, *jeux terribles et funestes de la force et du hasard*, qui affligent et ruinent l'humanité, tout en la détournant de la voie que lui a tracée le Créateur.

Après avoir conquis le temps et l'espace, les chemins de fer sont appelés à changer la face du monde. Destinés à mettre en communication toutes les nations entr'elles, ils feront tomber, aux applaudissements de tous, les montagnes et les barrières qui les séparent et les enclavent aujourd'hui en de trop étroites limites. Alors les relations commerciales se multiplieront à l'infini, et les intérêts des peuples en devenant solidaires, resserreront encore les liens qui déjà les unissent entre eux.

En se connaissant mieux, ils s'estimeront davantage ; leurs rapports deviendront meilleurs ; puis enfin la solidarité et la fusion des intérêts amèneront fatalement la fusion des races qui, en définitive, ne fera de tous qu'une grande famille, qu'une seule nation régie et gouvernée par les lois de la justice et de la fraternité.

Alors et pour toujours se fermeront les portes du temple abhorré de Janus, et sur ses ruines encore fumantes, s'élèvera radieux et solide en sa base, le palais majestueux de la Paix, des Arts et de l'Industrie.

Au frontispice souriant du nouvel édifice, l'Avenir inscrira en lettres d'or ce sublime enseignement : « Aimez-vous les uns les autres. »

Ce sera l'avénement tant désiré de la concorde et de l'union.

Au milieu des splendeurs fécondes de la paix qui font grandir un peuple sans élargir ses frontières par la force, prévaudront alors les idées de justice et d'équité qui, en élevant la dignité des Nations, hâtent et précipitent la marche toujours si lente du progrès et de la civilisation. — Ce sera le règne de l'Humanité.

CODE

DU

VOYAGEUR EN CHEMIN DE FER

EXPLIQUÉ

PAR LES ARRÊTÉS, TARIFS, CAHIERS DE CHARGES,

par les ordonnances, les lois

et par les circulaires et décisions ministérielles

ET COMMENTÉ

PAR LA JURISPRUDENCE DES COURS ET DES TRIBUNAUX.

PROLOGUE

—

Un avocat et son fils en vacances.

— Il fait beau temps. Tu m'as promis un voyage en récompense de mon travail au lycée; c'est le cas aujourd'hui de tenir ta promesse.

— J'y consens. De quel côté diriger notre vol ?

— Vers la Suisse. Ce pays si pittoresque excite ma curiosité depuis longtemps.

— Soit. Allons visiter la patrie de Guillaume Tell. Prépare nos bagages, et haut le pied, partons. Hâtons-nous. J'entends la cloche de la station qui avertit les voyageurs du départ prochain du train qui va nous transporter comme par enchantement dans le pays de tes rêves.

— Mais à quelle heure part le train ?

— A 10 heures. Des affiches placées dans les stations font connaître les heures de départ des convois, les stations qu'ils doivent desservir, les heures auxquelles ils doivent arriver à chaque station et en partir. (Art. 43 de l'ordonnance du 15 novembre 1846.)

— Alors il faut nous hâter. L'horloge de la station marque 9 heures 55 minutes ; il n'y a pas de temps à perdre si nous voulons prendre ce train. Je crains de ne pas arriver assez tôt.

— Rassure-toi. L'horloge placée à l'intérieur de la gare est toujours en retard de 5 minutes sur celle du dehors. C'est l'horloge *intérieure* qui marque l'heure réglementaire du départ.

— Pourquoi cela ?

— Cette mesure a pour objet de donner au chef de gare une certaine latitude pour faire le service du train après la fermeture du guichet de distribution des billets. La fermeture a lieu 5 minutes avant l'heure du départ. Ainsi le train ne partira que dans 10 minutes.

— Ah ! nous voici à la gare, qu'allons-nous faire? Me voilà déjà fort embarrassé.

Cependant je ne voudrais pas avoir l'air d'un écolier et paraître trop novice et par trop provincial.

— Eh! bien, durant ce voyage, je vais essayer de t'apprendre ce que dorénavant tout voyageur doit savoir, s'il veut sortir de sa chambre.

— C'est juste. Si je veux voyager maintenant, je dois connaître au moins mes droits et mes obligations de voyageur. Autrement je m'exposerais souvent à des déconvenues et à des désagréments qui me rendraient l'objet des railleries et des moqueries des autres. Or, comme le Français né malin ne veut pas perdre sa réputation de finesse et d'espièglerie, je veux apprendre au plus tôt tout ce que l'on doit savoir en voyageant par les voies ferrées. Mon apprentissage sera-t-il bien long ?

— Non. Écoute.

— Je suis tout oreilles.

CHAPITRE Ier.

—

Sommaire.

N° 1. Distribution des billets. — N° 2. Prix des places. — N° 3. Enfants, militaires, orphéonistes, élèves des lycées, des séminaires et des pensionnats. — N° 4. Enregistrement des bagages. — N° 5. Déclaration des valeurs, bijoux, or, argent et objets précieux. — N° 6. Taxe des bagages. — Franchise. — Enfants. — Militaires. — N° 7. Tarif des finances et objets précieux. — N° 8. Fausse déclaration. — N° 9. Déclaration exagérée. Conséquences. — N° 10. Suscription apparente. — N° 11. Excédant de bagages. — N° 12. Emprunt de billets de place appartenant à d'autres voyageurs. — N° 13. Même société, même famille. — N° 14 Emprunt de billets par un expéditeur ne voyageant pas avec ses marchandises. — N° 15. Paquets, sacs à la main. — N° 16. Sacs d'espèces gardés par les voyageurs. — N° 17. Sommes d'argent renfermées dans les malles, perte ou détournement. — N° 18. Chiens, taxe. — N° 19. Chiens sans voyageurs. — N° 20. Animaux en cage ou en panier. — N° 21. Le billet pour un train peut-il servir pour un autre train? — N° 22. Fermeture du bureau d'enregistrement des bagages. — N° 23. Perte du bulletin d'enregistrement. — N° 24. Vol des bagages avant leur enregistrement. — N° 25. Pourboire.

N° 1.
Distribution des Billets.

— Nous allons commencer immédiatement l'instruction que tu sollicites, sois attentif.

— Que faire ?

— Tu vas aller prendre immédiatement nos

billets de place puisque le guichet de distribution est encore ouvert.

— Quand commence donc la distribution ?

— Dans les grandes stations au plus tard 30 minutes, et dans les autres, 15 minutes avant l'heure du départ du train. (Tarif général.)

— Et quand cesse la distribution ?

— Dans les grandes stations pour les voyageurs avec bagages, 15 minutes, et pour les voyageurs sans bagages, 5 minutes avant l'heure du départ.

Les bagages doivent être remis au bureau d'enregistrement 15 minutes au moins avant l'heure du départ. Mais lorsque le train est en retard et qu'il n'arrive pas à une gare intermédiaire à l'heure réglementaire, on peut dans ces stations délivrer des billets aux voyageurs avec ou sans bagages et qui se présenteront 5 minutes avant l'heure annoncée pour le passage du train. (Tarif général.) Voilà le règlement. Cependant par courtoisie pour les voyageurs attardés, les employés font quelques exceptions à la rigueur du règlement. Mais c'est une pure complaisance de leur part.

— Je vais prendre nos billets, mais combien me fera-t-on payer jusqu'à notre destination ?

— La perception du tarif a lieu d'après le nombre de kilomètres à parcourir. Le kilomètre entamé est payé en entier comme s'il avait été réellement parcouru. Si la distance à parcourir est inférieure à 6 kilomètres, elle est comptée pour 6 kilomètres. (Art. 49 cah. des charges.)

— Mais comment sont calculées les distances et par qui ?

— Les ingénieurs de l'État dressent contradictoirement avec ceux de la Compagnie le tableau des distances qui doivent servir de base aux tarifs. Les distances approuvées par le Ministre, sont notifiées aux Compagnies et sont ensuite répérées sur les divers points de la ligne par des poteaux kilométriques et hectométriques, en pierre ou en bois. De cette manière, on ne peut, que par une erreur involontaire, te réclamer plus que tu ne dois payer.

— C'est juste, mais quel est le prix des places ?

— Le prix du tarif général des places fixé par les cahiers des charges pour les voyageurs avec ou sans bagages, sont les suivants, l'impôt compris :

PRIX DES PLACES :

1re classe.............	0f 112	Par voyageur
2e —	0 084	et
3e —	0 0616	par kilomètre.

Ainsi :

1re classe.

10 kilom. se paient 0 fr. 112 $\times$ 10 = 1f 12
100 — — $\times$ 100 = 11 20
125 — — $\times$ 125 = 14 »

2e classe.

10 kilom. se paient 0 fr. 084 $\times$ 10 = 0f 84
100 — — $\times$ 100 = 8 40
125 — — $\times$ 125 = 10 50

3e classe

10 kilom. se paient 0 fr. 0616 $\times$ 10 = 0f 61
100 — — $\times$ 100 = 6 16
125 — — $\times$ 125 = 7 70

Ainsi, en prenant pour distance à parcourir 125 kilomètres, nous aurons à payer :

1re classe (pour 125 kilomètres). .... 14f »
2e — — 10 50
3e — — 7 70

(Pour 250 kilomètres)

1re classe .... 28f »
2e — .... 21 »
3e — 15 40

— C'est bien. Je comprends le calcul maintenant, il faut multiplier la distance en kilomètres entre le point de départ et d'arrivée par le prix du kilomètre.

Mais il me semble que ces prix sont bien élevés, ne pourrait-on pas les réduire?

— On a souvent discuté la question de réduction des tarifs. Mais l'acrimonie du langage à l'égard des Compagnies a été jusqu'ici un des obstacles principaux à la réalisation de cette amélioration.

Mettons de côté l'âpreté de langage et cherchons à prouver qu'une réduction ne peut nuire aux intérêts des Compagnies qui verront au contraire leurs bénéfices augmenter en raison de l'accroissement progressif du nombre des voyageurs.

L'abaissement des tarifs décuplerait le transport et donnerait le même résultat que la poste ou la télégraphie.

Le mouvement, en se généralisant, précipite la locomotion des voyageurs et accumule les recettes dans une progression toujours croissante.

Aujourd'hui, avec les *prix actuels* des places, l'on a cependant constaté que le nombre des voyageurs pour l'année 1864, s'est élevé au 1er janvier 1865, à 77,705,000, ayant produit 177,419,469 francs.

Si l'on réduisait le prix des places de *moitié*

ou d'un *tiers* seulement, le nombre des voyageurs serait autrement considérable. Est-ce qu'il ne s'accroîtrait pas dans une mesure proportionnelle à la modicité des tarifs ?

— Le nombre des voyageurs compenserait largement alors la réduction des prix , et l'expérience viendrait bientôt démontrer que le résultat si favorable au public, ne le serait pas moins aux actionnaires des Compagnies.

D'ailleurs cette expérience a été faite dans un pays voisin, la Belgique.

Un arrêté du ministre des travaux publics pris récemment a fixé les prix des 3 classes de voyageurs : De 1 à 10 lieues inclusivement, on paiera pour chaque lieue :

$$1^{re} \text{ classe} \dots\dots\dots\dots 0^f 30$$
$$2^e \quad — \quad \dots\dots\dots\dots 0\ 20$$
$$3^e \quad — \quad \dots\dots\dots\dots 0\ 15$$

De 11 à 20 lieues, on ajoutera au prix de la 10e lieue et pour chaque lieue :

0f 15 (au lieu de 30) pour la 1re classe.

0 10 (au lieu de 20) pour la 2e classe.

0 07 (au lieu de 15) pour la 3e classe.

Au-delà de 20 lieues, on ajoutera au prix de la 20e lieue et pour chaque lieue :

0f 10 (au lieu de 30) pour la 1re classe.

0 07 (au lieu de 20) pour la 2e classe.

0 05 (au lieu de 15) pour la 3e classe.

Ainsi, le tarif s'abaisse à mesure que les distances augmentent ; au-delà de 50 kilomètres, il est de moitié moindre ; à partir de 100 kilomètres, il s'abaisse encore d'un tiers en regard du prix du premier trajet.

— Mais ces prix perçus en Belgique sont-ils bien au-dessous de ceux exigés en France à présent ?

— Tu vas en juger.

TABLEAU COMPARATIF

Distances		PRIX En France.	PRIX En Belgique.
125 kilom.	1re classe...	14f »	5f »
	2e — ...	10 50	3 35
	3e — ...	7 50	2 50
250 kilom.	1re classe ..	28 »	7 50
	2e — ...	21 »	5 25
	3e — ...	15 40	3 75
500 kilom.	1re classe...	56 »	12 50
	2e — ...	42 »	9 »
	3e — ...	30 80	6 25

— Oh ! la différence est énorme. Pourquoi payer en France un prix si élevé quand en Belgique les prix sont si minimes ?

— C'est que le gouvernement belge veut

faire voyager à bon marché et que les Compagnies entrant dans ses vues font profiter le public d'une amélioration si désirable partout. Le gouvernement se met à la tête du progrès; il veut qu'on puisse voyager à *bon marché* et que pour 3 fr. 50 c. on puisse parcourir le pays d'une frontière à l'autre, et faire 52 lieues pour la simple bagatelle de 3 fr. 50 c.

— Quelle amélioration !!

— Oui, et bien mieux, *des wagons de 3me classe* sont ajoutés à quelques *trains express* afin de faire profiter le public peu fortuné de la rapidité de la locomotion.

— C'est parfait. Pourquoi ne jouirions-nous pas des mêmes avantages en France ?

— Un peu de patience, et avec l'aide du Gouvernement nous y arriverons.

— Mais alors je bénirai les Compagnies et le Gouvernement qui m'auront procuré des jouissances à bon marché. Ce sera l'âge d'or.

— Ça arrivera bientôt. Des réductions sur les prix des places auront lieu plus tôt que tu ne penses ; s'inspirant des besoins et des jouissances du public, le Gouvernement s'entendra avec les Compagnies et il les poussera à accorder cette amélioration si généralement réclamée.

Les prix actuels *sont exagérés outre mesure.*

La différence pour voyager en France et en Belgique est énorme, et l'on aurait de la peine à comprendre le maintien du tarif actuel en présence des améliorations apportées aux tarifs étrangers. L'exemple donné par la Belgique sera le point de départ de perfectionnements importants et d'améliorations sensibles dans tout ce qui concerne le transport des voyageurs, un peu trop négligé jusqu'ici.

Le matériel subira aussi des perfectionnements et bientôt le voyageur français pourra voyager *bien et à bon marché.*

En se rendant l'écho de l'opinion publique, le Ministre des travaux publics écrivait déjà aux Compagnies le 1er février 1864 : « Relativement aux tarifs soit de voyageurs soit de marchandises, la Commission a plutôt émis des vœux qu'elle n'a formulé des avis.

« Ainsi elle s'est demandé si l'on ne pouvait pas : 1° appliquer aux voyageurs et *surtout à ceux de la* 3ᵐᵉ *classe,* UN TARIF DÉCROISSANT à mesure que la distance augmente, conformément à ce qui a déjà eu lieu pour les marchandises.

« L'expérience enseigne que tout abaissement de tarifs, comme toute modification favorable aux voyageurs et aux marchandises, sont promptement et largement compensés par l'augmentation du trafic.

« Cette vérité est trop bien établie par votre propre expérience elle-même pour que vous puissiez la méconnaître. Je ne doute donc pas que la question ne soit étudiée par vous à un point de vue élevé et libéral. »

Ainsi, nous pouvons être assurés que des améliorations seront apportées dans le service du transport des voyageurs et que nos Compagnies, à l'instar des Compagnies étrangères, obtempéreront de bonne grâce aux vœux du public, dont le Ministre s'est rendu le puissant interprète.

Cependant les prix de transport en France seront toujours plus élevés qu'en Belgique, parce que l'établissement des voies ferrées en France a exigé des dépenses beaucoup plus considérables qu'en Belgique.

La Belgique est une plaine ; il n'y a ni fleuves à traverser ni montagnes à percer et peu de travaux d'art à effectuer. Dès lors la dépense est minime comparée à celle nécessitée chez nous par les obstacles de tout genre que rencontre l'établissement des voies ferrées. C'est là le secret du bon marché signalé en Belgique.

Néanmoins nous arriverons bientôt à de grandes améliorations à tous les points de vue.

— Je le souhaite.

— Mais les enfants paient-ils autant que nous le prix de leurs places?

— Non. Au-dessous de 3 ans, ils ne paient rien, à la condition d'être portés sur les genoux des personnes qui les accompagnent.

De 3 à 7 ans, ils paient *demie-place* et ils ont droit à une place distincte; toutefois, dans un même compartiment deux enfants ne pourront occuper que la place *d'un* voyageur.

Au-dessus de 7 ans, les enfants paient place entière (art. 44 cah. des charges.)

— Je vois là-bas un grand nombre d'orphéonistes et de membres de sociétés chorales allant à un concours ; paient-ils le prix entier de leurs places ?

— Non. Ils sont transportés à *prix réduits*, mais cette réduction tient uniquement à la tolérance et au bon vouloir des Compagnies qui consentent bénévolement des réductions de prix dans ces circonstances et autres semblables. Mais elles ne sont nullement tenues de le faire, pas plus que pour les élèves des *lycées*, des *colléges*, *séminaires* et *pensionnats* allant en promenade. Si dans ces cas les Compagnies consentent des réductions de prix, cette réduction n'est pas obligatoire, elle est toute gracieuse et bénévole.

— Les militaires voyagent-ils aussi à prix Militaires. réduits ?

— Oui. Une des obligations imposées aux Compagnies par leur cahier des charges (art. 55) est le transport à prix réduit des militaires et des marins. Cette obligation, qui a varié à diverses époques, se trouve aujourd'hui formulée dans l'art. 54 des nouveaux cahiers de charges arrêtés en 1859.

Cet article est ainsi conçu :

« Les militaires ou marins voyageant en corps, aussi bien que les militaires ou marins voyageant isolément pour cause de service, envoyés en congé limité ou en permission, ou rentrant dans leurs foyers après libération, ne seront assujettis, eux, leurs chevaux et leurs bagages, *qu'au quart de la taxe* du tarif fixé par le présent cahier des charges.

Si le Gouvernement avait besoin de diriger des troupes et un matériel militaire ou naval sur l'un des points desservis par le chemin de fer, la Compagnie serait tenue de mettre immédiatement à sa disposition, pour la *moitié de la taxe* du même tarif, tous ses moyens de transport. »

La réduction du prix de transport *au quart* du tarif accordée aux militaires et marins porte non-seulement sur le prix de leur place, mais aussi sur la taxe des bagages, et cela sans limitation de poids.

Cependant pour prévenir les abus, le Ministre de la guerre a établi une règle : le transport à prix réduit des bagages n'a lieu, outre les 30 kilog. alloués franco à tout voyageur, que jusqu'à concurrence du poids de 70 kilog. pour les sous-officiers des armées de terre et de mer, les officiers-mariniers, soldats ou agents du même rang ; 200 kilog. pour les officiers, jusqu'au grade de capitaine ou de lieutenant de vaisseau et pour les assimilés ; 300 kilog. pour les officiers supérieurs et pour les officiers généraux et pour les assimilés : au-delà la Compagnie peut exiger le prix du tarif. (Circ. minist. du 21 octobre 1852, arrêté minist. 31 déc. 1859.)

Famille des militaires

— Le bénéfice de ces réductions s'étend-il aux bagages de la famille du militaire voyageant avec lui ?

— Le 3 janvier 1855 la Cour d'Aix appelée à juger cette question, a décidé que la réduction sur le prix des places et sur celui du transport des bagages accordée aux militaires qui voyagent isolément doit leur être assurée aussi bien lorsqu'ils sont accompagnés de leur famille que lorsqu'ils voyagent seuls ; qu'en conséquence le militaire qui, voyageant avec sa femme et ses enfants, présente au contrôle *tous ses bagages en bloc* comme lui appartenant personnellement, a le droit d'obtenir d'abord le dégrèvement du poids passé pour chaque voyageur, ensuite la réduction sur l'excédant de ce poids, sans que l'administration puisse contrôler sa déclaration et diviser fictivement l'excédant en autant de parts que sa famille renferme de membres, pour ne faire porter le privilège que sur la part afférente au militaire lui-même.

— Ces renseignements me suffisent. Voici mes billets de place, que faire maintenant ?

— Faire enregistrer nos bagages puisque la Compagnie ne répond pas des bagages non enregistré. La Compagnie ne peut refuser l'enregistrement, puisqu'aux termes des art. 96 et 107 C. de comm. et 1785 C. Nap., l'entrepreneur d'une voiture publique est tenu d'enregistrer les effets, articles et *valeurs* qu'il reçoit et qu'il en est responsable. Mais si l'enregistrement n'a pas lieu par le *fait du voyageur* qui aurait oublié de mettre les agents de la Compagnie à même de le faire, ou cherché à se soustraire aux frais du transport, la perte des bagages reste pour le compte du voyageur qui n'a pas fait savoir à la Compagnie ce dont il la chargeait, et par conséquent il

N° 4.
Enregistrement
des
bagages

n'a pu attendre d'elle les soins qu'il n'a pas sollicités. (Toulouse, 9 juillet 1829. Jurisprudence constante.)

Une fois que tu es nanti de tes billets, il faut donc avoir grand soin de faire enregistrer tes bagages. Lors de l'enregistrement tu présentes tes billets de place, ils sont poinçonnés afin d'empêcher qu'ils servent une deuxième fois pour obtenir la franchise du poids accordée par le cahier des charges.

Les agents de la Compagnie te demanderont alors combien tu as de colis et te les feront désigner pour ne pas enregistrer, en ton nom, et sous ton n° d'ordre, des objets qui ne t'appartiendraient pas.

Une fois tes colis reconnus, la Compagnie les soumet au pesage, indique le poids *exact*, bien qu'il n'y ait pas d'excédant, puisqu'en cas de perte, un *faux poids* peut, à l'arrivée, avoir des conséquences fâcheuses pour elle.

Le facteur qui enregistre tes bagages te remettra, pour *te servir à les retirer, à l'arrivée*, un bulletin indiquant le poids, le nombre des colis, leur destination et le n° de leur enregistrement ; il te réclamera 10 centimes pour cet enregistrement, puis il placera sur tes colis les étiquettes de destination et les n°ˢ correspondant à celui de leur enregistrement. Cette pose est faite avec soin, puisqu'une erreur peut amener une fausse direction des colis ou leur remise à un voyageur à qui ils n'appartiendraient pas.

— Mais si j'avais dans ma malle des *valeurs*, de *l'or*, de *l'argent*, des *bijoux*, dois-je en faire la déclaration lors de l'enregistrement?

— Evidemment, puisque les Compagnies ne répondent de leur valeur intégrale que lorsque le voyageur en a fait l'objet d'une déclaration spéciale, car le transport d'objets précieux par la voie des chemins de fer est exceptionnel ; quand il a lieu, il est nécessaire qu'il soit déclaré pour engager la responsabilité du conducteur. (Paris, 10 avril 1854, etc.)

Le voyageur qui ne déclare pas les valeurs mises dans ses malles a commis une faute, il a voulu commettre peut-être une fraude au préjudice de la Compagnie pour éviter dans le transport l'application du tarif des valeurs et finances, et bénéficier ainsi de son silence.

Dans ces cas, il serait injuste de faire supporter à la Compagnie la perte *totale* de ces valeurs dont le transport ne lui rapporte rien. De plus : sa vigilance n'ayant pas été sollicitée spécialement par une déclaration formelle, elle a pu ne pas apporter à la surveillance un soin proportionné à l'importance de l'objet qui lui était confié comme bagage ordinaire.

N° 5.
Déclaration des valeurs argent et bijou

Donc il serait injuste de lui faire supporter une perte dont elle n'a pu soupçonner l'importance par suite de la faute du voyageur. (Paris, 10 avril 1854 ; Douai 17 mars 1847 ; Tr. de la Seine, 24 nov. 1853 ; 17 janv. 1858; 23 mai 1860.)

— Si donc j'ai mis 1,500 fr. dans ma malle pour notre voyage, et si lors de l'enregistrement je n'en fais pas la déclaration, la Compagnie ne serait aucunement responsable de cette somme en cas de perte de ma malle ?

— Oui, en principe, comme je viens de te le dire. Cependant, malgré le défaut de déclaration, les tribunaux peuvent, dans certains cas, accorder une indemnité raisonnable.

Cela tient aux circonstances, à la qualité des voyageurs, au degré de confiance qu'inspirent leurs affirmations, à la longueur du voyage entrepris, et aux besoins présumés du voyage. Ainsi l'existence dans une malle de quelques menus *bijoux* ou *d'une petite somme d'argent* ne constituant à proprement parler que le bagage du voyageur, il n'est pas nécessaire, dans ce cas, de provoquer un enregistrement spécial.

Cependant si les valeurs renfermées *dépassent les besoins de la route*, l'enregistrement doit en être fait d'après leur estimation ou d'après le prix qu'y attache le voyageur.

A défaut de déclaration les Compagnies ne sont responsables des sommes d'argent que *jusqu'à concurrence des besoins présumés du voyageur.* (Cass., 16 mars 1859.)

En effet, une grave imprudence est imputable dans ce cas au voyageur qui ne fait pas de déclaration ; elle est de nature sinon à annihiler au moins à diminuer beaucoup ses droits en cas de perte, il ne peut en rendre responsable la Compagnie pour la totalité.

Mais si un *employé* de la Compagnie a détourné la malle qui renfermait les valeurs que tu réclames, et si tu en faisais la preuve, alors la Compagnie serait responsable de *l'intégralité* de la somme, quoique tu n'en aurais pas fait une déclaration, puisque la Compagnie est responsable de ses agents. (Art. 1384 C. N., Cass. 16 mars 1859.)

Et la soustraction doit être imputée aux employés du chemin de fer, lorsqu'il est constant que la malle renfermant les valeurs soustraites a été ouverte pendant qu'elle était à la disposition de ces employés. (Même arrêt.)

— Fort bien. Merci de cet avis. Toutes les fois que j'irai en voyage, je ferai la déclaration exigée, lors même que ma malle ou mon sac de nuit ne contiendront pas une très forte somme. Il vaut mieux payer une taxe que de courir la chance de perdre une grosse partie de la somme.

— C'est aussi mon avis.

— Alors que me fera-t-on payer pour mes bagages et les 1,500 fr. que nous avons mis dans notre malle ?

— En présentant nos billets de place, tu n'auras à payer que 10 centimes pour enregistrement des bagages si tu ne déclares pas de valeurs et si nos colis ne dépassent pas le poids accordé en franchise à tout voyageur.

Ce droit de 10 cent. pour enregistrement des bagages figure parmi les frais accessoires que, d'après l'art. 51 de l'ord. de 1846 l'administration fixe chaque année, sur la proposition de la Compagnie, et qui sont établis aujourd'hui par un arrêté ministériel du 24 juillet 1860.

D'après cet arrêté « lorsque les marchandises emprunteront plusieurs lignes concédées à des Compagnies différentes, ce droit de 10 centimes est perçu seulement à la gare expéditrice. »

Quant à tes bagages, voici la loi :

« Tout voyageur dont le bagage ne pèsera pas plus de 30 kilog. n'aura à payer pour le port de ce bagage aucun supplément de prix de place. » (art. 44 cah. des charges.)

La franchise de 30 kilog. par voyageur ne Enfants s'applique pas aux enfants transportés *gratui- tement* (au-dessous de 3 ans), et elle est ré- duite à 20 kilog. pour les enfants transportés à moitié prix (de 3 à 7 ans.)

— Dès-lors si nos bagages ne pèsent pas plus de 60 kilog. nous n'aurons rien à payer pour leur transport.

Mais si j'avais des valeurs et si je prenais N° 7. Tarif des finances. le sage parti de les déclarer, quels sont les frais que j'aurais à payer en plus ?

— Le transport des finances, valeurs ou objets précieux est fixé *ad valorem*, soit à leur valeur, contrairement à ce qui a lieu pour les diverses séries de marchandises qui sont tari- fées au poids.

L'art. 47 du cah. des charges modèle a ré- servé à l'administration le droit de statuer annuellement sur l'application des prix de transport des finances. Faute de renouvelle- ment annuel, l'ancien tarif est prorogé.

Le prix en vigueur, pour le transport de l'or et de l'argent, soit en lingots, soit mon- nayés ou travaillés, du plaqué d'or ou d'ar- gent, ainsi que des bijoux et dentelles, pierres précieuses, objets d'art, etc., a été fixé à rai- son de 0 fr. 00 252 par fraction indivisible de 1,000 fr. par kilomètre,

Quelle que soit la distance parcourue, le *minimum* de la perception est fixé à 0 fr. 25 c. par 1,000 fr.

L'or et l'argent, les bijoux, pierres précieuses et autres valeurs, ne sont transportés qu'à *grande vitesse*; en conséquence le tarif de la petite vitesse ne leur est pas applicable. (Arr. minist. du 30 mai 1862.)

Les articles taxés à la valeur sont exempts de tout droit de manutention. Il est perçu seulement 10 cent. pour enregistrement. (Arrêté minist. du 30 avril 1862.)

N_o 8.
Fausse décla-
ration.

Puisqu'il y a un tarif spécial pour l'or et l'argent, je vais déclarer les 1,500 fr. que renferme ma malle pour ne pas m'exposer à perdre cette somme.

— Mais si je faisais une fausse déclaration; si, par exemple, je déclarais que ma malle où se trouvent de l'or et des billets de banque, ne contient que mes effets d'habillement, qu'arriverait-il en cas de perte de ma malle?

— La Compagnie ne serait pas responsable des valeurs que tu n'aurais pas déclarées, lors de l'enregistrement des bagages. Voici pourquoi: Il y a un tarif spécial, comme je te l'ai déjà dit, pour les valeurs d'or et d'argent; en ne payant pas le prix supplémentaire fixé au tarif pour le transport de l'argent monnayé, tu n'as pas mis la Compagnie en mesure de prendre des précautions suffisantes et des soins proportionnés à l'importance et à la valeur des objets précieux que tu lui donnais à transporter, et tu l'as ainsi privée de la prime qui devait l'indemniser en cas de perte, des risques qu'elle avait à courir. Dès lors, tu ne pourrais assujettir en ce cas la Compagnie à une responsabilité qu'elle n'a pas consenti à courir, puisqu'elle a ignoré l'existence dans ta malle de l'argent que tu voudrais lui réclamer. Dans ce cas, la Compagnie ne peut être censée avoir contracté un engagement relatif au transport d'argent, puisque par ton fait elle en a ignoré l'existence. (Jurisprudence constante.)

Ta fausse déclaration sera ton fait personnel et la Compagnie n'aura nullement à te rembourser l'argent que contenait ta malle, sauf bien entendu, comme je te l'ai déjà dit, aux tribunaux à t'allouer, même en ce cas, une certaine somme *jusqu'à concurrence des nécessités présumées du voyage* que tu entreprends, et qui sera considérée comme nécessaire pour subvenir aux frais de route. (Angers, 20 janvier 1855. — Douai, 17 mars 1847 et 27 novembre 1865. — Cass., 16 mars 1859.)

Comme tu le vois, les Compagnies, en cas de perte, ne peuvent en ces circonstances supporter les conséquences de dissimulations pratiquées à leur détriment, et payer une indemnité dont elles n'ont pas connu la chance et reçu la compensation. (Paris, 10 avril 1854.)

N° 9. Déclaration exagérée.

— Mais si par hasard je déclarais que ma malle renferme 1,500 fr., tandis qu'elle ne contient réellement que 200 fr., est-ce que la Compagnie, en cas de perte, serait tenue de me payer 1,500 fr.?

— Oui; mais si la Compagnie avait des motifs de présumer la fraude dans la déclaration faite, elle peut, au départ, exiger l'ouverture de ta malle, pour vérifier l'exactitude de ta déclaration. Procès-verbal est dressé de cette opération. (Extrait du tarif général, grande et petite vitesse.) Aussi la jurisprudence admet-elle les Compagnies à vérifier et à contrôler la sincérité des déclarations sans cependant que ce droit puisse tourner en vexation.

Conséquences d'une fausse déclaration.

— Mais quelles seraient les suites de ma fausse déclaration?

— Les fausses déclarations peuvent donner lieu à des poursuites soit correctionnelles, soit en dommages-intérêts.

Si jusqu'à ce jour les tribunaux ne sont pas unanimes à voir le délit d'escroquerie dans une fausse déclaration sciemment faite, néanmoins il faut toujours agir avec franchise et loyauté pour éviter une action en dommages-intérêts et une poursuite correctionnelle qui, quelle que soit son issue, est toujours une flétrissure pour celui qui en est l'objet.

-- Alors, je le vois, il faut faire une déclaration sincère et loyale. C'est ce que je vais me hâter de faire.

-- Oui, puisque dans tous les cas la déclaration inexacte constitue une contravention prévue par l'article 21 de l'ord. du 15 juillet 1845 et par l'art. 79 de l'ord. du 15 novembre 1846. (Paris, 12 décembre 1863.)

En effet, il existe une ordonnance ministérielle d'après laquelle toute expédition de finances doit être accompagnée, de la part de l'expéditeur, d'une déclaration indiquant la valeur de l'article expédié. Or, l'art. 79 de l'ord. du 15 novembre 1846 déclare que les contraventions aux décisions ministérielles ainsi qu'aux arrêtés préfectoraux pris pour l'exécution de cette ordonnance, avec approbation du Ministre, sont punies conformément à l'art. 21 de la loi de 1845. (Paris, 12 décembre 1863. — Cass. 23 juin 1864. — Grenoble, 29 décembre 1865.)

Mais la déclaration exigée de l'expéditeur est une *vraie* et non une *fausse* déclaration. — Une fausse déclaration, comme le défaut de déclaration, constitue donc une violation des règlements et entraine l'application de l'art. 21 de la loi de 1845.

En faisant une fausse déclaration tu t'exposerais à des poursuites correctionnelles, et selon les cas, les tribunaux, outre l'amende, pourraient encore ordonner l'affiche du jugement à titre de *réparation civile*, comme supplément des dommages-intérêts. (Crim. cass., 30 juin 1858. — Bourges, 29 novembre 1860, etc.)

— Alors cela m'explique l'existence à la gare d'une affiche d'un jugement correctionnel condamnant un contrevenant à l'amende.

C'est là un mode de publication bien fait pour prévenir les contraventions, puisque le nom du contrevenant est pour ainsi dire attaché au pilori public.

Encore une question.

Mais si le colis que je mets aux bagages portait à l'extérieur la suscription très apparente *dentelles, fragile*, la Compagnie, en cas de perte, ne serait-elle pas alors garante quoique je n'eusse pas fait de déclaration ?

— Pas davantage, et voici pourquoi. Les prix de transport déterminés au tarif ne sont pas applicables à l'or, à l'argent, aux bijoux, aux pierres précieuses et autres; les prix de transport de ces objets sont fixés annuellement par le Ministre de l'agriculture, du commerce et des travaux publics.

Par arrêté du 30 mai 1862, le Ministre a déterminé le tarif exceptionnel applicable à l'or, à l'argent, aux bijoux, *dentelles*, pierres précieuses, objets d'art et autres valeurs ; ce tarif a été déclaré exécutoire pour l'année 1865 par décision du Ministre en date du 31 décembre 1864.

D'après ces dispositions réglementaires, le voyageur qui veut garantir contre les chances de perte les *dentelles* et les effets de commerce qu'il a renfermés dans les bagages, et en obtenir la valeur réelle en cas de non représentation de ces objets, doit tout à la fois les *déclarer* à la Compagnie et payer la *prime fixée* par le tarif exceptionnel. Cette déclaration met la Compagnie en demeure de prendre des précautions exceptionnelles pour la conservation des objets précieux dont le transport lui est confié, et la prime payée par le voyageur est la juste compensation des risques que le transport de ces objets fait courir à la Compagnie.

En l'absence de cette déclaration et du paiement de la prime, le voyageur est non recevable à réclamer le paiement de dommages-intérêts qui n'ont pu être prévus par la Compagnie lors du contrat. (Art 1150 C. N.)

Ces dispositions réglementaires sont conçues en termes généraux et s'appliquent aux objets précieux renfermés dans les bagages des voyageurs; elles sont affichées dans les gares et sont portées à la connaissance des voyageurs; elles sont obligatoires pour tous.

Rien ne peut suppléer à la déclaration formelle et au paiement de la prime. Dès lors bien que tu voudrais prouver: 1° que ton colis portait la suscription : *dentelles*; 2° et que tu as été contraint à le déposer aux bagages par un employé, cette preuve ne saurait être admise puisque rien ne peut remplacer la déclaration exigée. C'est ce que vient de juger la Cour de Douai le **27 novembre 1865.**

— Fort bien. Alors je me conformerai aux règlements ; j'aime mieux payer la prime que de courir la chance de tout perdre.

N° 11.
Excédants bagages.

— Mais s'il y a excédant de bagages, combien paiera-t-on pour le poids de l'excédant?

— Tu sais que tout voyageur en payant place entière a droit au transport gratuit de 30 kilog. de bagages. Au-delà de ce poids le voyageur est soumis à une taxe particulière dite des excédants de bagages. Le tarif des excédants est le même que celui des marchandises à grande vitesse.

L'arrêté du Ministre des travaux publics, à la date du 30 mai 1862, réglemente ainsi la tarification :

GRANDE VITESSE.

Prix de transport des paquets, colis et excédants de bagages pesant isolément 40 kilog. et au-dessous.

« De 0 à 40 kilog. inclusivement, par tonne (10,000 kilog.) et par kilom. . .   0 fr. 50 c.

Soit par kilog. et par kilom..   0   0005

Au-dessus de 40 kilog., par tonne et par kilom   0   40 c.

Soit par kilog. et par kilom..   0 fr. 0004 »

Ce dernier prix sera appliqué à tous les paquets ou colis, quoiqu'emballés à part, s'ils font partie d'envois pesant ensemble plus de 40 kilog. d'objets envoyés par une même personne à une autre personne.

Le bénéfice de cette disposition ne peut être invoqué par les entrepreneurs de messageries et de roulage et autres intermédiaires de transport, à moins que les articles par eux envoyés *ne soient réunis en un seul colis.*

Coupures. — La perception des prix fixés à à l'art. précédent est effectuée :

« De 0 à 5 kilog. inclusivement, par fraction indivisible de 5 kilog. :

Au-dessus de 5 kilog., par fraction indivisible de 10 kilog. »

Ainsi, *pour les excédants de bagages*, tout poids compris entre 0 et 5 kilog. paiera comme 5 kilog.; entre 5 et 10 kilog., comme 10 kilog. etc., etc. (Art. 42 et suiv. du cahier des charges de 1857 et 1859.)

Minimum de perception. — Quelle que soit la distance parcourue, le minimum de la perception est fixé à 10 cent. par expédition, frais de chargement et de déchargement compris.

Mais en outre il est dû un droit fixe d'enregistrement de 10 cent. pour chaque expédition.

Quant aux militaires, la réduction de prix stipulée aux cahiers des charges s'applique également à la taxe des excédants de bagages.

Ainsi, le militaire paie la *moitié* ou le *quart* de la taxe civile des excédants de bagages sur les chemins de fer où il paie pour sa place la moitié ou le quart du tarif légal.

— Quand un voyageur n'a pas de bagages, ne pourrait-il pas remettre pour un instant son billet à un autre voyageur qui aurait à payer un excédant de bagages pour lui éviter ainsi de payer un supplément?

— Depuis quelque temps en effet certains voyageurs faisaient cette spéculation, ils priaient un voyageur sans bagages de leur remettre pour un moment son billet afin de le présenter avec le leur à l'employé chargé de l'enregistrement des bagages.

De cette façon celui qui avait 50 à 60 kilog. de bagages n'avait pas de supplément à payer pour l'excédant, puisque les deux billets qu'il présentait lui donnaient droit à une franchise d'un poids de 60 kilog.

Mais les Compagnies ont découvert ce mode de spéculation et elles l'ont déféré aux tribunaux qui parfois se sont montrés très sévères contre cette manœuvre illicite.

Ainsi :

1º Un jugement du tribunal correctionnel de Mirecourt, du 11 octobre 1861, a puni ce fait *comme une escroquerie* ;

2º Un jugement du tribunal de Château-Thierry, du 19 juillet 1861, l'a puni *comme filouterie*.

Ces deux décisions sont très sévères, mais

N° 12.
Billets appartenant à d'autres voyageurs.

en droit elles sont erronées. En effet, les déclarations mensongères du voyageur sans
l'emploi de manœuvres caractérisées, ne sau-
raient constituer l'escroquerie. (Paris, 12 déc-
1863.)

Quant à la filouterie, elle suppose comme
le vol dont elle est une variété, l'appréhension
frauduleuse d'un objet matériel. Ce n'est donc
pas non plus une filouterie.

3° Dans un 3e système on a soutenu que le
voyageur qui se fait céder par un autre le
bénéfice de la franchise de 30 kilog. de bagages attaché au billet de place de ce voyageur,
use d'un droit et ne commet aucune fraude. (V.
Chauveau, J. du dr. adm., 1861, t. 9, p. 487.
— Devaux, Monit. des Trib., 1861. p. 669.
Demey, rev. du droit comm.)

4° L'auteur des observations insérées sur la
question dans le bulletin des tribunaux (n° du
6 mars 1860), considère ce fait comme ne
constituant ni délit ni contravention.

Ce serait la violation du titre constatant les
obligations réciproques et *purement civiles* de
l'entrepreneur de transport et du voyageur,
violation illicite dont les tribunaux civils seuls
seraient appelés à apprécier les conséquences
au point de vue des intérêts privés et du dommage éprouvé.

5° Enfin il a été jugé plus exactement selon nous, que l'individu qui se prévaut d'un billet qui appartient à un autre pour s'affranchir de la taxe sur l'excédant de ses bagages, commet une *contravention* aux lois sur les chemins de fer, donnant lieu contre son auteur à l'application de l'art. 21 de la loi du 15 juillet 1845.

C'est ce dernier système qui semble aujourd'hui prévaloir, il a été consacré par de nombreuses décisions, entr'autres par : 1° un arrêt de la Cour de Lyon du 25 fév. 1863 ; 2° de Colmar du 27 sept. 1864 ; 3° de Caen du 25 janv. 1865 ; 4° de Nîmes du 10 août 1865 ; 5° de Dijon du 25 mars 1857 ; 6° de Bordeaux du 25 juin 1862.

Ainsi, si ce fait ne constitue pas le délit d'escroquerie ou de filouterie, néanmoins il n'échappe pas à toute répression ; il tombe sous l'application de la loi du 15 juillet 1845 et de l'ord. du 15 nov. 1846, qui punissent comme une contravention le fait incriminé.

Or, l'art. 21 de la loi du 15 juillet 1845 punit d'une amende de 16 à 3,000 fr. toute contravention aux ordonnances royales portant règlement d'administration publique sur la police, la sûreté de l'exploitation des chemins de fer.

Comme tu le vois, la latitude laissée aux

tribunaux est très grande. Ils se montreront d'autant plus sévères dans l'application de l'amende qu'ils seront plus convaincus de la ruse du voyageur qui aura voulu faire une fraude coupable.

Cependant, d'après l'art. 26 de la loi de 1845, le bénéfice des circonstances atténuantes est applicable aux condamnations prononcées en semblable matière. Dès-lors les tribunaux useront largement de cette faculté quand les circonstances le permettront.

N° 13.
Même famille.
Même société.

— C'est juste, mais lorsqu'une famille ou des amis voyagent ensemble, il faudra donc que chacun ait un colis à part pesant au plus 30 kilog. ?

— Non. Cette rigueur ne s'applique qu'aux voyageurs étrangers entre eux, mais non à ceux que les liens de la famille ou de la société appellent à voyager ensemble.

Les membres d'une même famille et ceux qui voyagent en société *peuvent réunir leurs billets* de chemin de fer et les présenter ensemble pour justifier du droit à une quotité de bagages quelconque appartenant à tous ceux qui composent cette réunion momentanée.

La communion d'intérêts qui existe entre les personnes d'une même famille et qui s'étend naturellement à leurs bagages, justifie la réunion de leurs billets. De la sorte il suffit que l'ensemble des billets et leur nombre puissent couvrir le poids total des bagages réunis.

La même tolérance doit être appliquée aux personnes qui voyagent en société et qui se trouvent ainsi dans un état de communion passagère et momentanée.

Mais il ne saurait en être ainsi lorsque l'un des voyageurs possède seul des bagages. Dans ce cas, le fait constituerait la contravention punie par l'art. 21 de la loi du 15 juillet 1845 citée précédemment. (Lyon, 11 mai 1863, 25 fév. 1863.)

— Mais si un individu qui *ne voyage pas* et qui a des marchandises à expédier, empruntait des billets de place des voyageurs pour faire expédier ses colis comme bagages, commettrait-il un fait illicite ?

— Oui. Celui qui ne voyage pas et qui présente au bureau d'enregistrement des bagages des colis dont il obtient le transport en franchise au moyen de billets de place empruntés à des voyageurs, ne commet pas une escroquerie, mais bien une contravention punie par l'art. 21 de la loi du 15 juillet 1845. (Lyon, 25 fév. 1863 ; Caen, 25 janv. 1865.).

— C'est bien. Alors nos deux billets peu-

N° 14.
Emprunt
de billets par
un
expéditeur
de colis
qui ne
les accompagne
pas.

vent être présentés ensemble et en même temps puisque nous voyageons en société ?

— Oui, comme je viens de te le dire.

— Pourquoi n'a-t-on pas compris dans le poids de nos bagages ce *sac* que nous gardons avec nous ?

— Les colis non enregistrés sont des *bagages à la main*. Aux termes de l'art. 65 de l'ord. royale du 15 nov. 1846, l'entrée des voitures est interdite à tous individus porteurs de paquets qui par leur nature, leur volume ou leur odeur, pourraient gêner ou incommoder les voyageurs. Dès lors ces bagages à la main ne *sont pas comptés* dans le poids des colis enregistrés. On peut les porter avec soi, pourvu qu'ils ne gênent ni n'incommodent les voisins.

— C'est donc pourquoi tu gardes avec toi ce sac qui renferme de l'argent ?

— Oui. Les Compagnies ne doivent pas soumettre à la taxe *les sacs d'espèces* que les voyageurs peuvent garder avec eux, dans les voitures, sans gêner les voisins.

Un arrêté ministériel du 20 août 1857 porte : « Art. 1er. Les Compagnies de chemins de fer ne doivent pas soumettre à la taxe *les sacs d'espèces* que les voyageurs peuvent garder avec eux dans les voitures, sans gêner leurs voisins. »

Mais pour les sacs d'espèces transportés ainsi et dans ces conditions, comme pour les *autres objets* dont les voyageurs ne se dessaisissent pas, les Compagnies *sont affranchies de toute responsabilité*, en cas de perte.

L'art. 2 de l'arrêté ministériel du 20 août 1857 porte : « Pour les sacs d'espèces transportés dans ces conditions, et pour les *autres objets* dont les voyageurs ne se dessaisissent pas, les Compagnies sont affranchies de toute responsabilité en cas de perte. »

— Alors quel est le *maximum* du poids des espèces que les voyageurs peuvent garder avec eux ?

— Le poids maximum des espèces en sac (or, argent, billon) que les voyageurs peuvent garder gratuitement avec eux, est fixé à 25 kilogrammes. (Circ. minist. 20 août 1857.)

Ces dispositions doivent être constamment affichées dans le vestibule des stations.

— Si je ne faisais pas la déclaration des valeurs renfermées dans ma malle, la Compagnie n'en répondrait-elle pas, au moins pour partie, en cas de perte ?

— Je te l'ai déjà dit, n° 5, qu'en ce cas sa responsabilité ne serait engagée que jusqu'à concurrence de la somme présumée nécessaire pour accomplir ton voyage.

N° 17.
Sommes
d'argent
renfermées dans
les malles.

Reporte ton attention au n° 5 où la question est traitée complètement.

— C'est vrai, je m'en souviens, passons.

N° 18.
Chiens, taxe.

— Pourquoi ce voyageur ne peut-il garder son chien avec lui dans le compartiment où il veut entrer ?

— Parce que l'article 67 de l'ord. de 1846 le défend. Cet article porte : « Aucun chien ne sera admis dans les voitures servant au transport des voyageurs ; toutefois la Compagnie pourra placer dans des caisses de voitures spéciales les voyageurs qui ne voudraient pas se séparer de leurs chiens, pourvu que ces animaux soient *muselés*, en quelque saison que ce soit. »

En suite d'une circulaire ministérielle du 15 sept. 1854, les chiens sont placés dans des niches *isolées* établies dans les fourgons.

— Mais paie-t-on un supplément de prix pour les chiens ?

— Oui. Les chiens sont taxés (à 0 fr. 0168 avec l'impôt) par tête et par kilomètre, sans que la perception puisse être inférieure à 0 fr. 30 cent. (Art. 22 cahier des charges.)

Certaines Compagnies appliquent un tarif fixe de 0 fr. 50 cent., quelle que soit la distance.

De plus, il est perçu 10 cent. pour enregistrement. (Arr. minist. 30 avril 1862.) Les chiens doivent être muselés.

— Est-il permis à un voyageur sans chien de prendre place dans les caisses de voitures où les voyageurs sont avec leurs chiens ?

— Non. Ces compartiments spéciaux sont interdits aux autres voyageurs, *même aux femmes* des propriétaires de chiens. (Trib. Seine, 22 mai 1862.) D'après l'art. 67 de l'ord. du 15 novembre 1846, la Compagnie pourra placer dans des caisses de voitures spéciales les voyageurs qui ne voudraient pas se séparer de leurs chiens ; mais ces compartiments spéciaux sont interdits à tous autres.

— Lorsque les chiens ne sont pas accompagnés de leur maître, que fait-on de ces chiens, si le destinataire ne se trouve pas à l'arrivée?

N° 19.
Chiens sans voyageurs.

— Dans ce cas, le chargement et le déchargement de ces animaux sont opérés par les soins et aux risques et périls de l'expéditeur et du destinataire; en général les Compagnies n'acceptent le transport des chiens non accompagnés qu'autant que les expéditeurs prennent l'engagement d'exonérer la Compagnie de toute responsabilité en cas de perte, et de rembourser les frais de fourrière auxquels pourrait donner lieu une livraison impossible.

Lors de l'enregistrement, on indique le nom

auquel répond l'animal, afin de pouvoir s'en faire obéir en l'absence du maître. L'agent inscrit à la craie, au-dessus de la niche : *chien à livrer à telle station*, pour ne pas l'oublier.

Si le destinataire ne se trouve pas présent à l'arrivée du train, ou s'il refuse d'en prendre livraison, les chiens sont immédiatement *mis en fourrière*.

En cas de fuite ou d'accident, la Compagnie est déchargée de toute responsabilité pendant le déchargement. S'ils viennent à fuir, sans pouvoir être repris, procès-verbal est dressé.

Dans tous les cas, l'expéditeur doit être averti des circonstances qui ont empêché la livraison.

Le tarif général porte : « Les animaux dont il n'est pas pris livraison à l'arrivée, sont mis en fourrière aux frais, risques et périls de qui de droit ; les frais sont acquittés sur justification des dépenses. »

N° 20
Animaux en cages ou en paniers.

— N'y a-t-il que les chiens qui paient un droit de transport ?

— Les animaux *en cage, en panier, tels que chiens, chats, cochons de lait, cochons d'Inde, lapins, singes, écureuils,* oiseaux, sont taxés au poids, conformément aux prix et conditions du tarif général des articles de messagerie et marchandises à grande vitesse et *pour le double de leur poids réel*, cumulé avec celui des cages et paniers.

— Si par hasard nous manquions le train pour lequel on nous a délivré nos billets, pourrions-nous les utiliser pour un autre train, ou exiger le remboursement du prix de nos billets ?

No 21.
Le billet pour un train peut-il servir pour un autre train ?

— Si, après avoir pris un billet pour un train, tu ne peux le prendre pour des motifs particuliers, tu devrais en prévenir immédiatement l'agent de la Compagnie qui en référerait à son chef, afin d'établir l'ordre dans les rapports.

Dans ce cas, je ne vois pas pourquoi l'on te refuserait un changement de train nécessité par des motifs sérieux.

Les Compagnies ont l'habitude de se montrer peu rigoureuses en pareille matière, puisqu'elles ne voudraient pas s'enrichir au détriment d'autrui. C'est là ce que tu devrais faire si jamais tu te trouvais dans ce cas. Autrement en te servant d'un billet délivré pour un autre voyage que celui pour lequel tu le présentes, tu serais réputé voyageur *sans billet*, puisque ton billet pour le train précédent serait périmé. Mais tu ne commettrais pas un *faux* puisque les agents sont tenus de vérifier les billets qu'on leur présente. (Bordeaux, 21 mai 1862.)

— Quand cesse l'enregistrement des bagages ?

N° 22.
Fermeture du bureau d'enregistrement des bagages.

— Le bureau d'enregistrement des bagages est fermé dans toutes les stations deux minutes au plus tôt après l'heure fixée pour la cessation de la délivrance des billets aux voyageurs ayant des bagages. (Voir n° 1.)

Les bagages présentés à l'enregistrement *après* la fermeture du bureau, sont expédiés, au choix du voyageur, en grande ou petite vitesse, et sont taxés pour leur *poids intégral.* Dans ce cas, tu ne jouis plus de la franchise de 30 kilogrammes.

N° 23.
Perte du bulletin d'enregistrement.

— Lors de l'enregistrement des bagages, l'on m'a remis, pour me servir à les retirer à l'arrivée, ce bulletin. Qu'arriverait-il si je venais à le perdre ?

— En cas de perte de son bulletin, un voyageur peut exciper de l'*inscription* de ses bagages pour les réclamer. Si, par négligence, la Compagnie n'a pas fait cette inscription, le voyageur qui a perdu son bulletin peut être admis à prouver par *témoins* qu'il a bien effectivement remis ses bagages, et en cas de perte, réclamer une indemnité. (Paris, 15 juillet 1834. — 14 mars 1840. — Grenoble, 20

août 1833. — Cassation, 16 août 1828 et 1
décembre 1837.)

Mais si l'inscription manque *par le fait du
voyageur* qui aurait oublié de mettre les agents
de la Compagnie à même de le faire, ou cherché à se soustraire aux frais du transport, la
perte est pour le compte du voyageur, qui n'a
pas fait savoir à la Compagnie ce dont il la
chargeait, et qui, par conséquent, n'a pu attendre d'elle les soins qu'il n'a pas sollicités.
(Toulouse, 9 juillet 1829.)

— Si avant l'enregistrement de nos bagages
une partie de nos effets disparaissait, la Compagnie serait-elle responsable ?

N° 24.
Vol des bagages
avant leur
enregistrement.

— Oui. Une Compagnie de chemins de fer
est responsable de la perte de tout objet reçu
des mains d'un voyageur par un de ses agents,
lors même que cet objet n'a pas été enregistré, et
l'avertissement imprimé, aux termes duquel
la Compagnie déclare ne *répondre que des objets enregistrés*, ne forme pas entre elle et le
voyageur un contrat dont la Compagnie soit
en droit de se prévaloir. Cette stipulation imprimée ne lie nullement le voyageur ; la
Compagnie qui, seule, a rédigé l'avertissement, ne peut se soustraire à la responsabilité qui lui incombe comme *dépositaire*.

Un agent d'une Compagnie de chemin de

fer, en se chargeant des bagages d'un voyageur, accomplit un acte de ses fonctions qui
engage la responsabilité de la Compagnie. En
effet, les préposés des Compagnies peuvent
seuls prendre les bagages et les porter des voitures à l'intérieur des gares. Dès qu'un voyageur arrive dans la gare, les facteurs portent
les bagages dans la salle qui leur est affectée.

Le voyageur, qui n'a pas encore ses billets,
ne peut les suivre, il faut qu'il aille prendre
son billet; s'il est en avance, il faut attendre
l'ouverture du guichet de distribution ; d'autres fois l'encombrement des voyageurs l'o-
blige à attendre que son tour arrive. Pendant
cette opération il ne peut garder ses bagages
avec lui, il faut bien qu'il les confie aux
agents de la Compagnie, qui doivent en répondre comme d'un dépôt nécessaire et forcé.
Puis, nanti de son billet, il va dans la salle
des bagages pour faire enregistrer ses colis.
Mais il lui en manque. Qui répondra de cette
perte? La Compagnie. Par suite des règlements, le voyageur n'a pu surveiller ses bagages pendant qu'il prenait son billet. Bien
que l'enregistrement n'ait pas encore été effectué, il a confié ses bagages à un facteur de
la Compagnie, elle doit donc l'indemniser de
leur perte, puisqu'il a suivi la foi de la Com-

pagnie et qu'il n'a fait que se conformer à des prescriptions réglementaires. Elle est responsable, puisqu'aux termes de l'art. 1384 C. N., on est responsable du dommage causé par le fait des personnes dont on doit répondre, et qu'elle doit veiller à ce que chacun de ses employés se renferme rigoureusement dans les limites des fonctions qu'elle entend lui confier. (Trib. de la Seine, 20 février 1836 et 16 octobre 1857.)

— Mais si en remettant ma malle, *j'y avais laissé les clefs*, la Compagnie, dans ce cas, répondrait-elle du vol des objets qu'on aurait pu facilement alors enlever ?

— Elle serait encore responsable du contenu de ta malle même alors que les clefs y sont restées appendues. C'était à elle d'exercer une active surveillance. (Paris, 9 août 1853.)

— Ainsi, je puis sans rien craindre confier mes colis au facteur qui vient les prendre à la voiture pour les porter à l'intérieur de la gare et dans la salle des bagages. — C'est compris.

Mais dois-je quelque chose au facteur pour le transport ?

— Non. Le service des facteurs est gratuit, ils ne peuvent demander aucun *pourboire* aux voyageurs. (Arrêté préf.)

N° 25.
Pourboire.

— C'est bien. Puisqu'il n'est pas nécessaire que je surveille moi-même mes bagages, c'est un embarras de moins. Mais maintenant que nous avons nos billets de place et que nos bagages sont enregistrés, qu'allons-nous faire ?

— Entrer dans les salles d'attente.

CHAPITRE II.

Sommaire :

Des salles d'attente spéciales dans les bâtiments des stations sont affectées aux voyageurs qui, après avoir pris leurs billets, doivent attendre le départ du train.

N° 26.
Salles d'attente.

Les stations ont toutes en général des salles d'attente de 1re, de 2e et de 3e classe, correspondant à la classification des voyageurs dans les trains.

L'entrée des salles d'attente est interdite aux voyageurs qui ne sont pas nantis de leur billet, ou qui seraient dans un état d'ivresse.

Les surveillants placés à la porte d'entrée doivent également interdire l'accès de ces salles aux voyageurs porteurs de paquets, d'objets, d'armes ou d'instruments gênants ou dangereux, tels que *outils aratoires*, *faulx*, *pelles*, *pioches*, *scies*, etc.

— Dans quelle salle allons-nous entrer ?

— Dans la salle correspondant à la classe de notre billet. Chaque voyageur doit se placer dans la salle d'attente correspondant à son billet et se conformer aux indications qui lui sont données par les agents de la Compagnie. (Art. 63 et 65 de l'ord. du 15 novembre 1846.)

N° 27.
Chauffage des salles d'attente.

Les salles d'attente des diverses classes sont chauffées pendant l'hiver. A moins de froids exceptionnels, le chauffage des salles coïncide avec l'époque fixée pour la marche des trains pendant la saison d'hiver.

— Puisqu'il n'y a que les personnes nanties de billets qui puissent entrer dans les salles d'attente, mon camarade qui vient m'accompagner ne pourra donc pas nous y suivre ?

— Non. Nul n'est admis dans les salles d'attente que sur la présentation d'un billet. Toutefois il est recommandé aux agents d'user de tolérance en faveur des personnes qui accompagnent des voyageurs dont l'état de santé réclame des soins particuliers.

N° 28.
Entrée dans la salle indiquée par son billet.

— Mais ne pourrait-on pas entrer dans une

salle d'attente de première classe, bien que nos billets nous assignent des secondes?

— Non; sous aucun prétexte aucun voyageur n'est admis dans une salle réservée aux personnes qui ont pris des places d'une classe supérieure à celle indiquée par son billet.

Un agent spécial est chargé à cet effet de la surveillance des salles d'attente.

— Mais je remarque que les salles sont fermées; pourquoi ne pas les laisser ouvertes pour permettre aux voyageurs munis de leurs billets de passer sur le quai d'embarquement?

— Les salles ne s'ouvrent et les voyageurs ne sont introduits sur les quais d'embarquement que quelques minutes avant le départ du train.

Les Compagnies craignent les accidents qui pourraient résulter de l'encombrement des quais. Le public n'est pas encore assez habitué à se guider lui-même dans ses relations avec les chemins de fer. Il y a donc nécessité de le laisser dans les salles, où il est en sûreté jusqu'à l'arrivée des trains.

— Mais, regarde, on ouvre les salles d'attente. Chacun se précipite au risque de renverser femmes, enfants, vieillards; tous se hâtent pour choisir des places à leur convenance.

N° 29
Ouverture des salles pour aller sur les quais l'embarquement.

N° 30.
Modification désirables.

— J'en conviens, ces désordres sont un inconvénient assez grave.

Et puis un autre inconvénient résultant de cet état de choses, c'est que les voyageurs devant être introduits en même temps sur les quais, n'ont aucun intérêt d'arriver de bonne heure au chemin de fer, ce qui produit au dernier moment un encombrement considérable au guichet de distribution et surtout à l'enregistrement des bagages.

Si, au contraire, le voyageur était introduit sur les quais dès qu'il a son billet, il pourrait ainsi choisir sa place au départ et le classement des voyageurs se ferait sans désordre, les meilleures places étant nécessairement dévolues aux premiers arrivés. — Le service de la distribution des billets se ferait avec plus de calme, et celui de l'enregistrement des bagages, moins précipité, permettrait d'éviter beaucoup d'erreurs et de fausses directions qu'on ne peut attribuer qu'au peu de temps laissé aux agents pour cette opération.

Cette mesure, du reste, ne léserait en rien les Compagnies, qui, par un contrôle opéré au moment du départ, s'assureraient que les voyageurs sont bien dans les voitures de la classe pour laquelle ils ont pris un billet.

Voilà ce que, le **22** juin 1863, le Ministre disait aux Compagnies pour les engager à permettre aux voyageurs l'accès des quais d'embarquement, dès qu'ils sont munis de leurs billets de place.

Le Ministre ajoutait que si l'expérience qu'il conseillait ne répondait pas à ses prévisions, il n'hésiterait pas à autoriser les Compagnies à revenir sur une mesure qui n'aurait pas atteint le but proposé : celui d'habituer le public à se guider lui-même dans ses relations avec les chemins de fer.

Cette mesure, expérimentée sur quelques lignes, notamment par la Compagnie d'Orléans, n'a-t-elle pas répondu aux prévisions du Ministre? L'utilité n'en a-t-elle pas été généralement reconnue? Je l'ignore ; mais tu vois qu'ici on nous laisse dans les salles d'attente jusqu'au moment où l'on signale l'arrivée et l'approche du train.

Si il y a inconvénient à prendre cette mesure dans les gares intermédiaires, il me semble pourtant qu'il n'y en aurait aucun dans les gares, têtes de ligne, où commence le voyage.

Plus tard sans doute on mettra cette mesure à exécution.

— Mais si nous arrivions dans la nuit à une

N° 31.
Vestibules.

gare, où irions-nous pour attendre le train qui doit nous transporter à destination?

— Nous attendrions dans le vestibule de la gare le moment où l'on pourrait entrer dans les salles d'attente. On ne peut imposer aux Compagnies l'obligation de tenir sur pied, *toute la nuit*, le personnel de certaines gares qui ont à recevoir les voyageurs attendant les trains; mais les vestibules sont garnis de bancs où les voyageurs peuvent s'asseoir en attendant l'ouverture des salles. (Circ. minist. du 29 juillet 1857. Extr.)

N° 32.
Fermeture des salles d'attente.

— Tu m'as dit que les salles d'attente ne s'ouvrent pour donner accès sur les quais d'embarquement que quelques instants avant le départ du train, et quand les ferme-t-on?

— Elles sont fermées à clef avant que les trains ne se mettent en marche, et après que l'agent préposé à ce service s'est assuré que la distribution des billets a cessé et qu'il ne reste dans les vestibules et dans les salles aucun retardataire.

N° 33.
Voyageurs oubliés dans les salles.

— Si des voyageurs étaient oubliés dans la salle d'attente qu'arriverait-il?

— Quand ils sont oubliés par le fait de la négligence d'un employé, les voyageurs sont expédiés, sans avoir égard à la nature des billets dont ils sont porteurs, par le plus prochain convoi quittant la station , quelles que soient la composition de ce train et la classe de voitures qu'il contient. (Cir. minist. du 6 novembre 1858.)

Toutefois, lorsque ce train ne contiendra que des voitures de 1re classe, il conviendra de placer les voyageurs porteurs de billets de 2me et 3me classe, autant que possible dans un compartiment séparé.

Les agents coupables de négligence, encourront une pénalité pour infraction à l'ord. de 1846 et à l'art. 49 du cahier des charges prescrivant d'effectuer avec *soin, exactitude et célérité* le transport des voyageurs

Le 21 janv. 1859, le tribunal correctionnel de Fontainebleau a condamné à une amende de 25 fr. un facteur qui avait fermé à clef les salles d'attente avant le moment opportun, et cela par application de l'art. 49 du cahier des charges, de l'art. 50 de l'ord. du 15 nov. 1846 et de l'art. 21 de la loi du 15 juillet 1845.

— Mais, si devant arriver à jour et heure fixes pour une affaire importante, j'éprouve un dommage par suite de ce retard, que m'importe cette peine qu'on infligerait à l'agent ?

— Outre la peine infligée à l'agent négligent, tu aurais dans ce cas une action civile en responsabilité contre la Compagnie qui se-

N° 34.
Indemnité.

rait responsable de la négligence ou du mauvais vouloir de l'agent (art. 1384 C. Nap.) ; mais il faudrait justifier du dommage réel que ce retard te ferait éprouver.

— C'est juste.

N° 35.
Fumeurs.

En attendant le départ, puis-je fumer un cigare dans la salle d'attente ?

— Non, l'art. 63 de l'ord. du 15 nov. 1846 s'y oppose et défend de fumer dans les gares et les voitures. Mais la défense de fumer dans les gares ne s'étend qu'aux pièces, vestibules, corridors, salles d'attente, buffets, etc., destinés aux voyageurs, et ne comprend ni les *cours*, ni les *trottoirs* des gares. (Dép. minist. 16 mai 1853.)

— Si malgré cette prohibition je fumais dans les lieux défendus ?

— Les agents de la Compagnie t'enjoindraient poliment de cesser de fumer, et si tu t'obstinais, si tu refusais d'obtempérer à ces injonctions, procès-verbal serait dressé, et une amende de 16 fr. à 3,000 fr. serait prononcée contre toi, conformément à l'art. 63 de l'ord. du 15 nov. 1846.

— Alors je me conformerai à la loi et aux invitations des employés, et quand il me prendra fantaisie de fumer j'irai dans la cour de la gare.

Mais, à propos, nous devions partir à 10 heures, il en est bientôt onze, et nous attendons encore, pourquoi cette longue attente ?

— C'est qu'il y a un retard dans la marche du train qui doit passer ici à 10 heures d'après les règlements.

— Mais ce retard est bien long, qu'est-il arrivé ?

— Je vais m'en assurer. Viens avec moi dans la salle de la gare où le public attend les voyageurs. Si le retard doit être de *plus d'une heure*, la Compagnie fait placarder dans la salle une affiche indiquant les causes et le temps du retard.

— Ah ! voilà un coup de sifflet, qu'est-ce que cela veut dire ?

— Que le train arrive, rentrons dans la salle d'attente, et vite prends ton sac de nuit. Le sifflet à vapeur que tu viens d'entendre, annonce l'approche du train. A l'approche des stations, le mécanicien doit faire jouer le sifflet à vapeur pour avertir de l'approche du train, il en est de même à l'approche des *passages à niveau, des courbes, des tranchées et des souterrains.*

Le mécanicien se sert également du sifflet comme moyen d'avertissement, toutes les fois

N° 36.
Retard affiché dans la salle.

N° 37.
Coups de sifflet.
Signification.

que la voie ne lui paraît pas complétement libre (art. 38 de l'ord. du 15 nov. 1846).

Il fait également jouer le sifflet à vapeur :

1° Avant de se mettre en marche.

2° A l'approche *des disques* de toutes les stations quand bien même il ne doit pas s'y arrêter.

3° Toutes les fois qu'il n'aperçoit pas, à un kilomètre au moins, la voie parfaitement libre et découverte.

4° Cette prescription est spécialement obligatoire à l'entrée et à la sortie des *tunnels* et des *courbes* en tranchées ou masquées, et à l'approche des *passages à niveau* établis dans des tranchées ou dont les abords sont masqués.

5° Les mécaniciens doivent également faire jouer le sifflet toutes les fois qu'ils aperçoivent un train ou une machine venant à leur rencontre sur la voie opposée (inst. spéc.).

A l'approche des voies de *garage* ou de *bifurcation*, les mécaniciens doivent faire entendre :

Un coup de sifflet *prolongé* pour aller à *gauche*.

Trois coups de sifflet *prolongés* pour aller à *droite* (circ. minist. du 7 déc. 1858).

Un coup de sifflet *prolongé* appelle l'attention.

N° 33.
Signaux.

Plusieurs coups de sifflet *saccadés* commandent de serrer les freins.

Un coup de sifflet *bref* commande de desserrer les freins.

— Maintenant que je connais la signification des coups de sifflet, je n'en serai plus effrayé. Je saurai ce que cela veut dire.

Mais que signifient ces mouvements de drapeaux que font ces agents tout le long de la voie ?

— C'est l'exécution de l'art. 31 de l'ord. du 15 nov. 1846 qui porte :

« Il sera placé le long du chemin, pendant le jour et pendant la nuit, soit pour l'entretien, soit pour la surveillance de la voie, des agents en nombre assez grand pour assurer la libre circulation des trains et la transmission des signaux.

« Ces agents seront pourvus de signaux de jour et de nuit à l'aide desquels ils annonceront si la voie est libre et en bon état, si le mécanicien doit ralentir la marche, ou s'il doit arrêter immédiatement le train.

« Ils devront, en outre, signaler de proche en proche l'arrivée des convois. »

Voici les principales dispositions du règlement adopté par les Compagnies et approuvé par l'Administration, notamment en ce qui concerne les signaux mobiles :

Signaux.

1° L'absence de tout signal indique que la voie est libre.

2° Les signaux à la main s'exécutent le jour avec un drapeau vert ou rouge ; la nuit avec un feu blanc, vert ou rouge.

Le signal fixe consiste en un appareil pouvant présenter aux agents des trains un disque rouge pendant le jour, et un feu rouge pendant la nuit, et le jour comme la nuit on se sert au besoin de pétards ou boîtes détonnantes (placés sur les rails).

Le jour, en temps de brouillard, et en tout temps dans les tunnels, on fait usage des signaux de nuit.

Sur certains points, la trompe est employée comme signal d'avertissement.

3° Le drapeau *roulé* indique que la voie est libre ;

Le drapeau *vert* déployé commande le *ralentissement* ;

Le drapeau *rouge* déployé commande l'*arrêt immédiat* ;

A défaut de drapeau rouge, l'*arrêt* est commandé, soit en agitant vivement de haut en bas et de bas en haut *un objet quelconque*, soit en élevant les bras de toute leur hauteur.

4° Le disque du signal fixe, effacé ou présentant la face *blanche*, indique que la voie est libre.

Le disque présentant la face rouge commande l'arrêt.

5° La lanterne à verre *blanc*, immobile, indique que la voie est libre ;

La lanterne à verre *rouge* commande l'arrêt.

Ces règles s'appliquent également aux lanternes des signaux fixes.

La lanterne à verre *vert* commande le *ralentissement* ;

A défaut de verre *rouge, toute lumière agitée de haut en bas et de bas en haut, commande l'arrêt.*

6° La détonation d'un ou plusieurs *pétards* commande *l'arrêt.*

7° Un son de trompe allongé annonce l'approche d'un train ou d'une machine.

Plusieurs sons de trompe successivement répétés demandent du secours.

— C'est fort bien imaginé pour protéger la sécurité des voyageurs.

Mais en cas de mauvais temps et lorsque d'épais brouillards empêchent de découvrir ces signaux, qu'y a-t-il à faire ?

— Puisque dans ces cas ces signaux ne peuvent frapper la vue, il a fallu rechercher les moyens d'y suppléer en frappant l'oreille. Les cornes d'appel ne suffisant pas, l'on a recours aux *signaux détonnants*.

Le 15 mars 1856, un règlement ministériel a ordonné :

« ART. 1er. — Les signaux détonnants ou pétards sont employés comme signal d'arrêt, pour remplacer ou compléter les signaux à vue, par le brouillard et pendant les très-mauvais temps.

« ART. 3. — On devra habituellement, pour plus de sûreté, poser à la fois sur les rails 2 pétards, un à gauche, l'autre à droite, à une distance de 25 ou 30 mètres l'un de l'autre.

Par un temps humide, le nombre des pétards devra être porté à trois, espacés de la même manière.

Quand la cause qui a fait employer les pétards a cessé d'exister, il faut, autant que possible, retirer de la voie les pétards qui n'ont pas été écrasés, en leur substituant, s'il y a lieu, les signaux à vue ordinaires.

« ART. 4. — L'usage des pétards ne dispense point de l'emploi des autres signaux par les employés et agents stationnant sur la voie.

Autant que possible, les pétards seront posés à 25 ou 30 mètres en avant du point où sont faits les signaux à vue, afin que le mécanicien, averti par l'explosion du pétard, puisse reconnaître la nature des signaux qui lui sont faits.

« ART. 5. — Les conducteurs et garde-freins qui auraient entendu l'explosion des pétards doivent serrer immédiatement leurs freins, sans attendre le signal du mécanicien. »

— Tout ceci est fort ingénieux pour la sécurité des voyageurs. Voici le train, allons prendre nos places.

CHAPITRE III.

—

Sommaire.

Nº 39. Entrée dans les voitures. — Nº 40. Train en mouvement. La tentative d'introduction constitue-t-elle une contravention ? — Nº 41. Lacune de la loi. — Nº 42 Paquets embarrassants ou incommodes. — Nº 43. Armes chargées. — Nº 44. Gendarmes. — Nº 45 Trains de marchandises — Nº 46 Entrée dans un compartiment autre que celui du billet. — Nº 47. Choix des places.

Nº 39.
Entrée dans les voitures.

— Quelles sont les règles concernant l'entrée dans les voitures ?

— Les voici :

L'art. 63 de l'ord. du 15 nov. 1846 porte :
« Il est défendu :

1º D'entrer dans les voitures *sans avoir pris un billet* et de se placer dans une voiture d'une autre classe que celle indiquée par le billet.

2º D'entrer dans les voitures et d'en sortir autrement que par la portière qui fait face *au côté extérieur* de la ligne du chemin de fer.

3º De passer d'une voiture dans une autre, de se pencher en dehors.

4º Les voyageurs ne doivent sortir qu'aux stations et lorsque le train est complètement arrêté.

Prenons nos places. Quand les portières seront fermées le signal du départ sera donné
par le chef de train après qu'il aura reçu avis
du chef de gare que tout est prêt, et le train
se mettra en marche.

— Après le signal du départ et quand le
train se met en mouvement peux-je essayer
d'y monter ?

— Non. Jusqu'ici la tentative ne constitue
pas une contravention. Quelque dangereuse
que soit une pareille action pour la sécurité
des voyageurs et la bonne police des gares, on
ne peut néanmoins la réprimer par voie correctionnelle en l'absence de toute disposition
réglementaire qui la prohibe sous sanction
pénale, puisque l'art. 63 de l'ord. du 15 nov.
1846 ne prévoit que le cas du voyageur qui
sort de voiture avant que le train soit arrêté.

Le législateur a *oublié* le cas du voyageur
qui essaie *d'entrer alors*. Or, comme en matière
pénale on ne peut pas suppléer à la loi répres-
sive, les juges ne peuvent punir ce fait d'une
peine qui ne lui est pas applicable. C'est une
lacune dans la loi de 1846. Il est à désirer que
cette lacune soit comblée et que la prohibition
de tenter de monter, trouve place dans la loi
afin de donner une sanction pénale à sa violation. (Metz 27 janv. 1864. — Cass. 31 mars

1864.) De même l'art. 61 n° 1 de la même ordonnance qui défend de s'introduire dans l'enceinte des chemins de fer, d'y circuler et d'y stationner n'est pas non plus applicable à ce cas, alors qu'il est établi que le voyageur s'est introduit dans la gare muni d'un billet de place qui lui donnait ce droit, et que c'est en voyant le train en mouvement qu'il s'est élancé dans une voiture pour ne pas manquer le départ.

N° 42.
Gens ivres.
Paquets embarrassants ou incommodes.

— Voilà des gens *ivres* porteurs de paquets bien embarrassants pour leurs voisins, est-on forcé de les supporter ?

— Non. L'art. 65 de l'ord. du 15 nov. 1846, porte :

« L'entrée des voitures est interdite :

1° A toute personne en état d'ivresse ;

2° A tous individus *porteurs d'armes à feu chargées* ou de paquets qui, par leur nature, leur volume ou leur odeur, pourraient gêner ou incommoder les voyageurs. »

N° 43.
Armes à feu.

Tout individu porteur d'armes à feu, devra, avant son admission sur les quais d'embarquement, faire constater que son arme n'est point chargée.

— Si malgré ces prohibitions, j'entrais avec une arme *chargée*, qu'adviendrait-il ?

— D'une part, tu commettrais une violation

à la loi entraînant une amende de 16 fr. à 3,000 fr. et d'autre part, tu t'exposerais à commettre sans le vouloir, mais par imprudence et par violation de la loi, des blessures entraînant une lourde responsabilité.

Le 5 nov. 1858, le tribunal de Belfort a condamné à 100 fr. d'amende un voyageur qui avait introduit un *fusil chargé* parmi ses bagages.

— Mais je vois là-bas deux gendarmes porteurs de leurs armes, sont-elles déchargées ?

N° 44.
Gendarmes.

— Non. Les gendarmes, par la nature de leur service, ont souvent leurs armes chargées. La défense ci-dessus ne peut pas leur être appliquée d'une manière absolue lorsqu'ils viennent prendre place dans un chemin de fer. Mais dans ce cas, ils doivent redoubler de précautions pour éviter les accidents, avoir de leur mousqueton un soin tout particulier et ne jamais s'en séparer, soit pendant le voyage dans les wagons, soit pendant leur stationnement dans les gares. (Circ. minist du 31 janv. 1860.)

— Un voyageur pourrait-il monter dans les fourgons et wagons à marchandises attelés aux trains des voyageurs ?

N° 45.
Fourgons de trains de marchandises

— Non, à moins d'une autorisation spéciale. L'infraction à cette prohibition entraînerait une amende contre le chef de gare ou le chef de train. (Lyon 17 mars 1859)

No 16.
Entrée dans un compartiment autre que celui du billet.

— Si par inadvertance j'entrais dans un compartiment différent de celui indiqué par mon billet, qu'arriverait-il ?

— Si un voyageur porteur d'un billet de 3e entre dans un compartiment de 2e classe et qu'il fasse ainsi le trajet, il doit payer un *supplément de prix* depuis le point où il a changé de voiture. (Déc. minist. du 23 avril 1859.— Rouen 25 avril 1861.)

Cette décision est seulement applicable au voyageur *trouvé à l'arrivée* et non au *départ*, dans une voiture de classe supérieure à celle de son billet.

Si un supplément de prix est exigible du voyageur qui, ? l'arrivée occupe une place supérieure à celle pour laquelle il a pris son billet, il n'en est pas de même lorsque le train dans lequel le voyageur est monté, n'a point encore quitté la station de départ. Dans le 1er cas, le supplément est le paiement d'un *transport effectué* ; dans le 2e cas, il ne peut être considéré que comme une *contravention* entraînant pénalité ; dès lors il échappe à l'autorité des Compagnies de chemins de fer. Si le voyageur ne voulait pas payer le supplément, la Compagnie doit faire constater la contravention et poursuivre par les voies légales le recouvrement de la somme à laquelle cette contravention pourrait donner lieu. (Trib. Seine 25 février 1856.)

— Peut-on choisir ses places dans les compartiments ?

N° 47.
Choix
des places.

— En ce qui concerne le placement des voyageurs dans les voitures, une dépêche ministérielle du 21 octobre 1856 (ch. de l'Est) reconnaît aux Compagnies le droit de répartir les voyageurs selon les besoins du service ; mais les employés du chemin de fer ne doivent user de ce droit qu'avec convenance et politesse.

En règle générale une Compagnie de chemin de fer n'est obligée qu'à *fournir de la place aux voyageurs.* C'est ce qu'a décidé le tribunal de simple police de Paris, le 20 oct. 1856.

Dès lors un voyageur n'est pas en droit d'exiger qu'elle le place, lui et sa famille, *dans le même compartiment.*

Cependant, à cet égard, les Compagnies sont dans l'usage de se montrer très-complaisantes envers le public.

Mais un voyageur accompagné de sa famille, *n'a pas le droit d'exiger d'être placé avec ceux qui l'accompagnent dans le même compartiment.*

Il suffit qu'il se trouve, dans les diverses

voitures composant le convoi, un nombre suffisant de places encore libres et de la classe des billets pris par le voyageur.

CHAPITRE IV.

Sommaire.

— Mais il me semble que le train qui va nous transporter a une bien grande longueur, doit-on y installer tous les voyageurs qui se présentent ?

— Non. Le train des voyageurs ne peut se composer de plus de 24 *voitures à 4 roues*; s'il entre des voitures à 6 roues dans la composi-

N° 48.
Composition
des trains.

tion du convoi, le maximum du nombre des voitures est déterminé par le ministre. (Art. 18 ord. du 15 nov. 1846.)

Ce maximum d'ailleurs ne doit être atteint que par exception.

Le maximum adopté par le règlement, a pour but de ne pas apporter d'entraves au service et de ne pas constituer la Compagnie en contravention lorsque l'affluence extraordinaire des voyageurs, à certains jours donnés, peut la mettre dans l'obligation de proportionner le nombre des véhicules aux besoins momentanés de la circulation.

Dans ces circonstances spéciales, le grand nombre des voitures dans un seul *train*, peut présenter encore moins d'inconvénients que l'ajournement d'une partie des voyageurs au départ suivant, ou que la formation d'un convoi supplémentaire.

Jusqu'ici les règlements provisoires avaient fixé le maximum à 32 voitures. L'étude attentive des faits a permis de le réduire à **24**.

Même ainsi réduit, ce nombre dépasse très-sensiblement les besoins habituels d'une exploitation bien réglée, et il doit bien être entendu qu'il ne sera pas la règle ordinaire, mais bien plutôt l'exception. (Rapport du mi-

:nistre lors de la présentation de l'ord. du 15 nov. 1846.)

— Combien y a-t-il de sortes de trains exclusivement affectés aux voyageurs ?

— Il y en a de 3 espèces :

1° *Trains omnibus* à trajet partiel ou total sur toute la ligne, desservant d'habitude *toutes les stations* comprises entre le point de départ et le point d'arrivée.

2° *Trains directs*, animés d'une vitesse un peu plus grande et ne s'arrêtant pas, soit aux petites stations, soit à d'autres gares intermédiaires. Ces trains ont toujours des compartiments de 1re et de 2e classe et presque toujours de 3e classe.

3° *Trains express* et *poste* (grande vitesse) affectés ordinairement aux grands parcours et ne recevant que des voyageurs de 1re classe.

4° *Trains mixtes*, composés de voitures à voyageurs et de wagons de marchandises.

5° *Trains extraordinaires* de voyageurs.

— Fort bien, mais il me semble que nous sommes bien nombreux dans notre compartiment. J'aime assez ces conversations animées, bizarres et variées, c'est récréatif en voyage. Mais malgré ces divertissants colloques, il me semble qu'on est assez mal à l'aise sur les banquettes rembourrées avec.....

No 49.
Différentes
sortes
de trains.

No 50.
Places
des 3 classes.
Leur
agencement.

— Chut! Ecoute et tu parleras ensuite.

D'après le cahier des charges et l'ord. de 1846, les voitures affectées aux voyageurs doivent être faites d'après les meilleurs modèles et satisfaire à toutes les conditions réglées ou à régler pour les voitures servant au transport des voyageurs sur les chemins de fer. Elles sont suspendues sur ressorts et garnies de banquettes.

Il y en a de trois classes au moins.

Les voitures de 1re classe doivent être couvertes, garnies et fermées à glace.

Celles de 2me classe sont couvertes, fermées à glace et ont des banquettes rembourrées.

Celles de 3me classe sont couvertes, fermées à vitres et munies de banquettes à dossier.

— C'est la loi. Mais les Compagnies ne pourraient-elles pas apporter un peu d'amélioration dans ces agencements?

— Si. Aussi se préparent-elles à apporter des perfectionnements importants dans le nouveau matériel et à procurer aux voyageurs de 3me classe surtout un peu du confortable si recherché en voyage.

— Mais il me semble que nous sommes bien gênés dans notre compartiment; ne sommes-nous pas trop nombreux?

— Regarde. L'intérieur de chacun des com-

N° 61.
Indication du nombre des places.
Leur dimension.

partiments de toute classe doit contenir l'indication du nombre des places. La dimension de la place de chaque voyageur doit être d'au moins 0^m 45^c en *largeur*, 0^m 65° en *profondeur* et 1^m 45 en *hauteur*. (Art. 12, ord. du 15 novembre 1846.)

Toute voiture de voyageurs porte dans l'intérieur l'indication apparente du nombre des places. (Art. 14, même ord.)

— Alors je n'ai rien à dire. J'occupe l'espace réglementaire que doit me fournir la Compagnie. Cependant je forme un vœu.

— Lequel ?

— Que la Compagnie, s'apitoyant un peu sur le sort des voyageurs de 3me classe surtout, améliore ses banquettes et prenne un peu souci du bien-être des nombreux voyageurs de cette catégorie.

— Tu peux former des souhaits, tu en as la faculté ; mais là se borne ton droit. Cependant, comme je te l'ai déjà dit, les Compagnies songent sérieusement à adoucir le sort de ces voyageurs, et bientôt elles mettront à la disposition du public un matériel nouveau qui répondra à tes désirs sur ce point.

— Je voterai alors des remerciements aux compagnies.

Que signifient donc ces plaques portant : *Postes, Dames seules, Réservé ?*

— D'après l'art. 43 du cahier des charges, la Compagnie, dans chaque train de voyageurs, a la faculté de placer des voitures à compartiments spéciaux pour lesquels il est établi des prix particuliers que l'administration fixe sur la proposition de la Compagnie; mais le nombre des places à donner dans ces compartiments ne peut dépasser le 5me du nombre total des places du train.

Il doit en outre être réservé, sur l'invitation de l'administration supérieure, les compartiments suivants :

1° Pour les femmes voyageant seules (dans toutes les classes). (Art. 32 cah. des charges.)

2° Service des postes (compartiments spéciaux de 2me classe). (Art. 56 *ibid.*)

3° Prisonniers (compartiments spéciaux de 2me classe). (Art. 57 *ibid.*)

4° Aliénés (Gendarmes ou infirmiers d'escorte).

5° Fumeurs. Les compartiments pour fumeurs sont facultatifs.

Ces compartiments sont ostensiblement désignés au moyen de plaques appendues pendant toute la durée du trajet, à l'un des panneaux de ce compartiment. Ces plaques portent : Postes, Dames seules, Réservé, Fumeurs.

— Un voyageur quelconque peut-il prendre place dans l'un de ces compartiments ?

— Il est interdit de se placer dans les compartiments ainsi désignés à toutes personnes autres que celles auxquelles ils sont réservés. Les contraventions à cet arrêté ministériel du 1er mars 1861 sont constatées par procès-verbaux et déférées aux tribunaux. Les commissaires spéciaux de police concourent à la constatation de ces contraventions. (Art. 2 et 3 de l'arrêté minist. 1er mars 1861.)

— Y a-t-il longtemps que les dames ont un compartiment séparé en 3me classe ?

— Non. Une décision ministérielle du 9 mars 1863 avait prescrit aux Compagnies de réserver dans les voitures de 1re et de 2me classe des compartiments pour les dames voyageant seules. Par une nouvelle dépêche du 5 octobre 1863, les Compagnies ont été invitées à réserver des compartiments spéciaux pour les dames voyageant seules en 3me classe.

— Mais j'ai vu aussi dans des trains de grande *vitesse* des places désignées sous les noms de *coupés, wagons-lits* et *salons*.

N° 53.
Places de luxe
Coupés-Salons
Wagons-Lits.

— C'est vrai. Ces places de luxe que quelques Compagnies réservent dans les trains à grande vitesse et notamment dans les trains *express*, rentrent dans la classe des compartiments réservés et prévus par le cahier des charges.

Le nombre de ces places est d'habitude très limité dans chaque train, et le voyageur qui désire en user doit s'entendre à l'avance avec le chef de gare ou le chef de train.

N° 54.
Prix de ces places.

— Le prix des places dans ces compartiments est-il le même que le prix ordinaire de 1re classe?

— Non. La tarification des *places de luxe* a ordinairement pour base le prix de la 1re classe *augmenté* d'un supplément qui varie suivant les distances parcourues et suivant la nature des places.

N° 55.
Nombre limité des voyageurs dans les compartiments.

— Mais écoute ce voyageur qui veut à toute force entrer dans ce compartiment... Est-il permis d'admettre dans les compartiments plus de voyageurs que ne le comporte le nombre de places indiqué?

— Non. L'art. 46 de l'ord. du 15 novembre 1846 s'y oppose. D'ailleurs le nombre des places d'un compartiment doit être intérieurement indiqué, comme je te l'ai dit déjà précédemment, et il est interdit d'admettre plus de voyageurs que ne le comporte cette indication. Dès lors le voyageur en question ira

prendre place ailleurs, puisque ce compartiment est au complet.

— Tout-à-l'heure, à la station que nous venons de passer, j'ai entendu un voyageur
réclamer un billet de 3me classe ; on lui répondait qu'il n'y en avait plus ; il a insisté et
il a trouvé place de son choix. La Compagnie
peut-elle lui refuser un billet de 3me classe ?

— Non, En principe les trains doivent contenir un *nombre suffisant de voitures de toute
classe.* Le public, prévenu des heures de départ, doit trouver à ces mêmes heures, et à
son désir, des moyens certains de transport.
Cette obligation est la loi commune des chemins de fer.

Mais d'un autre côté, dans l'intérêt même
du public, cette obligation peut ne pas s'é-
tendre à certains convois, par exemple aux
convois directs qui ne s'arrêtent pas aux stations intermédiaires ou qui ne s'arrêtent qu'à
un petit nombre de stations. Ces convois sont
généralement animés d'une vitesse qui n'est
pas encore nécessaire à toutes les classes de
la société ; il suffit de poser la règle générale et de laisser les exceptions à la décision
de l'autorité. Tous les intérêts sont ainsi ga-
rantis et satisfaits. C'est dans ce sens et dans

ce but que l'art. 17 a été rédigé. (Rapport sur la loi de 1846.)

Ce principe s'oppose à ce que tant à la station du départ d'un train qu'à une station d'embranchement, un voyageur de 1re ou de 3me classe soit placé dans une voiture de 2me, alors même que la Compagnie, dans l'un des cas, restitue au voyageur lésé (1re classe), la différence des prix de places, et dans l'autre (3me classe), ne l'exige pas du voyageur favorisé.

Toute infraction à l'art. 17 de l'ord. de 1846, est une contravention. La Compagnie qui ne fournit pas à chaque voyageur une place de la classe correspondant au billet dont il est porteur, est passible de dommages-intérêts, sauf le cas de force majeure ou du nombre *maximum* des voitures dont un train peut être composé.

Aussi, le 22 avril 1854, la Cour de cassation, conformément à ces principes, a-t-elle jugé que « *sauf le cas de force majeure*, et celui où le nombre des voitures du train atteint le *maximum* fixé par l'administration, les Compagnies sont obligées d'assurer aux voyageurs des moyens certains de transport dans les *voitures de la classe de leur choix*, à toutes heures de départ, non-seulement à la station de départ, mais encore à *chacune des stations* que les convois doivent desservir.

Le législateur a voulu prémunir les voyageurs contre un surcroît de dépenses que leur état de fortune ne leur permet pas de faire, et il a aussi voulu assurer à chacun d'eux les avantages de la place de voiture qu'il a retenue.

En dehors de l'autorisation spéciale du Ministre, dont parle l'art. 17, l'ordonnance n'admet d'autre exception à cette obligation que la fixation du maximum de voitures pouvant composer un convoi.

Insuffisance des places. Conséquences.

Dès l'instant qu'il est constaté que, sans que l'on puisse arguer d'une *autorisation ministérielle* pour la composition des voitures constituant le train, ou de ce que le train aurait atteint son *maximum de voitures*, ou encore d'un *cas de force majeure*, c'est-à-dire d'un accident ou d'un événement impossib'e à prévoir, ces voyageurs n'ont pu trouver place dans un convoi et dans une voiture de la classe pour laquelle il leur avait été délivré un billet, il y a contravention aux dispositions de l'art. 17 de l'ord. du 15 novembre 1846. (Cassation, 22 avril 1854.)

Ainsi, un voyageur de 1re classe ne peut être forcé de monter dans un wagon de 2me

classe. Le voyageur, en ce cas, a droit de ré-
péter la somme qu'il a payée pour se faire
conduire à destination. Il a le droit d'exiger
l'exécution du contrat intervenu par la délivrance d'un billet de 1re classe. (Trib. de la
Seine, 12 octobre 1861.)

De même un voyageur de 3me classe ne peut
être forcé de prendre une voiture de 2me ou
de 1re classe.

Il y a mieux : les voyageurs porteurs de
billets de 3me classe et placés *sans supplément
de prix* dans des voitures de 2me classe, par
suite de défaut de composition du train, peuvent se refuser à ce déclassement. Ce fait de
déclassement des voyageurs constitue non-
seulement la simple omission d'une obligation
civile de nature à ne donner ouverture qu'à
une action devant les tribunaux civils, mais
encore une contravention réprimée par l'art.
21 de la loi de 1845, et essentiellement de la
compétence des tribunaux correctionnels.
(Colmar, 23 février 1848.)

Cependant il est à présumer que les voyageurs
de 3me classe ne se plaindront pas d'être placés, *sans supplément de prix*, dans des compartiments de 1re ou de 2me classe ; ils auraient mauvaise grâce à le faire, puisqu'ils
seraient mieux placés. Mais les voyageurs de

1re ou de 2me classe pourraient se plaindre d'un encombrement ou d'un voisinage qu'ils avaient voulu éviter précisément lors du choix de leurs places.

En résumé : une Compagnie est obligée de fournir des places à tous les voyageurs qui se présentent pour partir par un train ordinaire, sauf bien entendu les cas exceptionnels prévus et rappelés plus haut. Dès lors si la Compagnie répond au voyageur que toutes les voitures sont pleines, et qu'elle n'en a pas d'autres, elle se trouve en contravention à l'art. 17 de l'ord. de 1846. (Montpellier, 27 novembre 1854.)

De même les voyageurs amenés par un *train de jonction* doivent trouver place pour tout le trajet qu'ils ont à faire dans le convoi et dans la voiture de la classe pour laquelle ils se sont fait délivrer un billet, et le refus de délivrer à un voyageur, au moyen de *l'adjonction d'une voiture*, la place à laquelle il a droit, constitue la contravention prévue par les art. 21 de la loi du 15 juillet 1845 et 17 de l'ord. de 1846 ; sauf les cas d'exception prévus par la loi, c'est-à-dire quand il y a autorisation ministérielle, ou quand le nombre des voitures autorisé est atteint, ou quand il y a force

majeure. (Aix, 21 janvier 1854. — Cassat.,
22 avril 1854.)

Le projet de règlement sur l'art. 17 porte :
« A moins d'autorisation spéciale et révocable de l'administration, tout convoi régulier
de voyageurs doit contenir en *quantité suffisante*, dans la limite du maximum, les voitures de toute classe destinées aux personnes
qui se présentent dans les stations des chemins de fer. A cet effet, des dépôts de voitures destinées à compléter les trains, *en cas de
besoin*, doivent être établies et convenablement distribuées sur la ligne. »

N° 57.
**Trains
extraordinaires.**

— Mais si une *affluence extraordinaire* de
voyageurs se produisait à un moment donné,
les voyageurs qui ne pourraient trouver place
seraient-ils forcés d'attendre le passage d'un
autre train ?

— Non. On ferait alors un *transport extraordinaire*.

Dans plus d'une circonstance il y aurait
dommage pour le public à ne pas permettre
l'expédition d'un train extraordinaire au point
de rencontre de deux lignes qui se joignent,
et dont le service est organisé de manière à
établir une circulation continue de l'une sur
l'autre. Si le convoi venant de l'une de ces
lignes n'arrive au point de croisement qu'a-

près l'heure à laquelle a dû partir le train de l'autre ligne, avec lequel il correspond, dans ce cas un convoi extraordinaire est indispensable ; autrement les voyageurs seraient obligés d'attendre, souvent plusieurs heures, avant de continuer leur route.

Il peut arriver encore qu'à un certain jour, et par suite de quelques circonstances imprévues, il se présente dans les bureaux de chemins de fer, une *affluence extraordinaire de voyageurs*; un seul convoi est insuffisant pour les transporter tous; il faudrait alors leur faire subir un retard presque toujours inconciliable avec leurs affaires, si l'on ne prenait le parti d'organiser un convoi extraordinaire.

La limitation du nombre des voitures prescrite par l'art. 18 du règlement, peut créer de temps à autre cette nécessité. Il faut remarquer d'ailleurs que, dans de telles circonstances, les convois extraordinaires sont véritablement sans danger, puisqu'ils peuvent être facilement annoncés sur toute la ligne par le convoi ordinaire qui le précède. Je pense donc qu'il y a lieu de ne pas proscrire un usage adopté sur les chemins de fer de tous les pays.

Mais pour que les Compagnies n'abusent pas de la faculté qui leur serait laissée, il leur est prescrit de rendre compte immédiatement au commissaire spécial de police du motif de l'expédition du convoi extraordinaire. (Extrait du rapport du Ministre des travaux publics, lors de la présentation de la loi du 15 novembre 1846.)

L'article 30 de la loi porte :

« Le Ministre des travaux publics prescrira, sur la proposition de la Compagnie, les mesures spéciales de précaution à prendre pour l'expédition et la marche des convois extraordinaires.

Dès que l'expédition d'un convoi extraordinaire aura été décidée, déclaration devra en être faite immédiatement au commissaire spécial de police, avec indication du motif de l'expédition du convoi et l'heure du départ. »

Leur expédition n'est donc soumise qu'à la formalité de l'avis préalable au commissaire de surveillance administrative de chacune des circonscriptions situées sur leur parcours.

— Je comprends. De cette façon les intérêts de tous sont sauvegardés. On a voulu par là concilier l'intérêt public avec l'intérêt de chacun. Le voyageur y trouve un moyen facile de transport, et la sécurité publique est protégée par les mesures spéciales ordonnées en cas pareil.

— Pour éviter les erreurs, il est de règle générale d'aviser les chefs de gare de l'envoi de ce train, soit au moyen d'un ordre de service, soit par les signaux du train précédent, soit par le télégraphe électrique.

— Quels sont les signaux du train précédent ?

— Un drapeau *vert* le jour, un feu *vert* la nuit placés sur le train, du côté de l'entre-voie, indiquent que ce train est *dédoublé*, et qu'il est suivi, à 10 minutes d'intervalle, par un autre train.

— Pourquoi certaines Compagnies ne délivrent-elles pas des billets de 3me classe dans *toutes les stations* desservies par les trains directs?

N° 58.
Trains directs.
Troisième classe

— C'est là, en effet, une bizarrerie inexplicable. Il est étrange que certains voyageurs de 3me classe profitent de la vitesse des trains directs, tandis que d'autres, sur le parcours de la même ligne, sont forcés de prendre dans ce convoi une place de 1re ou de 2me classe.

Ce qu'il y a de plus inexplicable encore, c'est qu'on ne délivre pas de billets de 3me pour une station relativement importante où s'arrête toujours le train, alors qu'on en distribue pour une petite station un peu plus éloignée.

Dans ce cas, le voyageur pressé par ses affaires, et qui ne veut ou ne peut faire la dépense d'une place de 2me classe, est obligé d'attendre le prochain convoi, ou de prendre une place de 3me classe pour une gare plus éloignée et située au-delà du lieu de sa destination, sauf à lui bien entendu, à descendre plus tôt et à une autre station que celle indiquée par son billet.

De cette façon il paie plus que ne le comporte la distance vraiment parcourue ; mais il fait encore une forte économie, puisqu'il paye le prix de la 3me classe au lieu de payer forcément celui de la 2me, et qu'il y a encore une grande différence à son avantage entre les sommes déboursées pour un tel transport.

Dès lors, la Compagnie ne retire pas le prix du transport qu'elle avait en vue lors de cette combinaison ingénieuse, puisqu'elle est déjouée par l'habileté du voyageur.

Il serait donc préférable d'éviter ces combinaisons d'adresse réciproque qui ne procurent qu'un si médiocre bénéfice et de distribuer des billets de 3me sur tout le parcours.

Cependant il faut convenir que, dans ce cas, les Compagnies sont en règle, puisqu'elles sont autorisées à agir de la sorte, ensuite de l'homologation de leurs tarifs.

Mais si tout convoi ordinaire de voyageurs doit, en règle générale, contenir des voitures de toute classe, pourquoi faire exception à cette règle dans les conditions que nous venons de signaler ? Pourquoi priver un grand centre de population d'un bénéfice que l'on accorde à une petite station un peu plus éloignée ?

Il est difficile d'en trouver la raison en dehors de l'intérêt des Compagnies des chemins de fer.

Nous pensons qu'avertie de ces faits, l'administration supérieure n'approuverait pas cette ingénieuse combinaison si facile à déjouer au moyen d'un léger sacrifice.

— J'ai vu tout-à-l'heure, lors de la présentation de nos billets à l'employé de la Compagnie, un voyageur exhiber une carte d'abonnement. Qu'est-ce donc qu'un billet de cette nature ?

N° 59.
Cartes
d'abonnement.

— Les Compagnies ont l'habitude de concéder au voyageur un droit de parcours sur tout ou partie du réseau, soit pour un seul voyage (aller et retour), soit pour une excursion de plaisir avec arrêts facultatifs en route, soit enfin pour un nombre indéterminé de vo-

4

yages entre deux stations désignées, pendant un délai fixé (3 mois, 6 mois, ou un an), alors les billets délivrés s'appellent *cartes d'abonnement.* Ces cartes, soumises au même contrôle que les autres billets, sont délivrées avec droit de bagages, moyennant les prix suivants établis, quel que soit le nombre de voyages effectués, savoir :

Pour 6 mois (150 jours).

1re *classe*. De 0 à 6 kilom.   0^f 50
—   De 6 à 12.....   1^f »
—   De 12 et au-dessus.   1^f 50

2e *classe*. De 0 à 6 kilom.   0^f 40
—   De 6 à 12 kilom.   0^f 70
—   De 12 k. et au dessus   1^f »

par carte et par jour.

Pour *un an* (300 jours.)
1re *classe* 0^f 40, 0^f 70, 1^f.
2e *classe* 0^f 30, 0^f 50, 0^f 70.

Ces cartes sont personnelles.

Ces cartes d'abonnement sont personnelles, elles sont en général nominatives et les tiers ne peuvent les utiliser ; il est vrai que le titulaire n'est pas connu des agents, et qu'un tiers pourrait, en ce cas, s'en servir en empruntant le nom du titulaire.

Mais il s'exposerait à des poursuites de la part de la Compagnie qui aurait le droit de lui demander des dommages-intérêts, puisque la carte d'abonnement est personnelle et que les titulaires ne peuvent régulièrement les céder à un tiers.

Ce procédé porterait préjudice à la Compagnie qui pourrait en demander la réparation civile.

— Ne pourrait-on pas dans certains cas, en raison des circonstances aggravantes, y voir le délit d'escroquerie ou de filouterie ?

— Non. L'emploi, par un individu d'un faux nom et d'une fausse qualité et l'usage d'un permis de circulation délivré à un tiers pour se faire admettre et voyager gratuitement dans un train de chemin de fer, ne constitue pas le délit d'escroquerie. Ce fait ne doit être considéré que comme une infraction prévue et punie par la loi du 15 juillet 1845 et par l'ord. du 15 nov. 1846. (Cass. 6 mai 1865. Toulouse, avril 1865.)

— En cas de perte de la carte d'abonnement le titulaire peut-il en exiger le remboursement?

N° 60.

Perte de la carte.

— Lorsque la Compagnie stipule qu'en cas de perte du billet il n'en sera point délivré d'autre, celui qui égare ce billet ne peut en exiger le remplacement que contre le prix de l'abonnement. (Trib. de la Seine, 21 avril avril 1854 ; 26 janv. 1859.)

Cependant comme les cartes d'abonnement

sont personnelles et qu'un tiers ne peut les utiliser et s'en servir qu'en s'exposant à des poursuites, les Compagnies, quand elles sont prévenues immédiatement, consentent volontiers à renouveler la carte égarée ou perdue. La nouvelle carte n'est remise au titulaire qu'après le dépôt d'une certaine somme (10 fr. ordinairement) destinée à servir de garantie.

N° 61.

billets d'aller et retour

— J'ai vu aussi présenter des billets de deux couleurs différentes portant d'un côté : *aller*; de l'autre : *retour*. Explique-moi cela.

— Pour certains parcours les Compagnies délivrent des billets d'aller et de retour avec réduction de prix sur le tarif ordinaire. Ces billets ne sont pas valables pour les *trains express*; mais par tolérance, certaines Compagnies admettent qu'un voyageur nanti d'un billet de 2e ou de 3e classe, peut prendre la classe supérieure en payant le prix intégral, déduction faite de la valeur du billet à prix réduit.

La même faculté est laissée au voyageur porteur d'un billet d'aller et de retour (1re classe) qui veut prendre l'express.

Si le voyageur *dépasse* la station indiquée sur le billet d'aller et retour, il paie le prix total de la place qu'il a occupée, défalcation faite de la valeur réelle du billet dont il est porteur. Il cessera de jouir du bénéfice de la réduction des prix et paiera le trajet comme s'il n'avait pas pris de billet d'aller et retour, mais un billet ordinaire au prix habituel.

Ainsi, si le billet d'aller et retour lui a coûté 1 fr. et si le prix de transport à la gare où il s'arrête est de 2 fr. 50 c., suivant le tarif ordinaire, le voyageur en ce cas, sera tenu de payer un supplément de 1 fr. 50 c. Il paiera le prix intégral du transport *au tarif ordinaire*, tout comme s'il n'avait pas pris un billet d'aller et de retour. Seulement on lui tient compte du prix de son billet de faveur.

— Fais-moi bien comprendre cela. Si j'ai un billet d'aller et de retour pour une station désignée, et si je descends à une station plus éloignée, que devrais-je payer en plus ?

N. 62.

Descente à une gare plus éloignée.

— Comme cette question a une très grande importance pratique, puisqu'elle se présente chaque jour, je vais te l'expliquer la loi à la main.

Une décision ministérielle du 10 déc. 1862 porte :

« Lorsqu'un voyageur descendra à *l'aller* à une station au-delà de celle indiquée par son billet d'aller et de retour, les deux coupons lui seront retirés, et il sera tenu de payer sa place pour le trajet entier qu'il aura effectué *d'après le prix ordinaire du tarif*, défalcation faite de la valeur de son billet d'aller et de retour ;

« Lorsqu'un voyageur descendra *au retour* à une station au-delà de celle où il a pris son billet d'aller et retour, il devra payer le montant intégral *au tarif ordinaire*, du prix de la place qu'il aurait occupée *depuis le point de départ indiqué sur le coupon de retour*, défalcation faite de la valeur de ce coupon. »

Une affiche portant cette décision est apposée dans les gares, et comme nul n'est censé ignorer la loi (quoiqu'il ne sache pas lire), il en résulte que le fait de descendre à une gare plus éloignée constitue à la fois une contravention punissable d'une amende et un quasi-délit civil donnant lieu à une indemnité. (Art. 1382 et 1383 C. N.)

Cette indemnité est égale au prix entier de la place suivant le tarif ordinaire, *déduction faite toutefois de la valeur du billet d'aller et de retour.*

C'est ce qu'a jugé le 16 septembre 1864 le tribunal correctionnel de Lyon dans les circonstances suivantes :

Un négociant se présenta le 15 août 1864 au contrôle des billets, à la gare de Vaise, avec un coupon de retour de 2ᵐᵉ classe de Mâcon à l'Ile-Barbe. On lui réclama le prix d'une place de 2me classe de Mâcon à Vaise, défalcation faite de la valeur du coupon, soit 2 fr. 40 c.

Le voyageur pensait ne devoir que le prix du trajet de l'Ile-Barbe à Vaise, et il offrit un supplément de 50 centimes.

Son offre ne fut pas acceptée ; il se fit alors remettre le registre des plaintes et il y consigna tout à la fois son refus de payer 2 fr. 40 c. et son offre de 50 cent.

Le chef de gare rendit immédiatement compte de ce fait au commissaire de surveillance du chemin de fer qui dressa procès-verbal de la contravention.

Traduit en police correctionnelle, le voyageur, par application de la décision ministérielle du 10 décembre 1862, ci-devant rappelée et transcrite, et rendue exécutoire par arrêté préfectoral, a été condamné le 16 septembre 1864, à 5 fr. d'*amende*, à 2 fr. 40 c. de dommages-intérêts, *et aux frais*.

D'où il suit que si tu descends à une station plus éloignée, tu perds le bénéfice des prix réduits, et que tu es obligé de payer, d'après le tarif ordinaire, *le parcours entier*, sauf cependant à déduire sur le prix intégral du tarif ordinaire, la somme déboursée pour le coupon de faveur dont tu es encore en possession.

Si le voyageur peut, sans payer de supplément de prix, descendre à l'aller ou au retour *en-deçà* des stations indiquées par son billet, il ne peut descendre *au-delà* sans perdre le bénéfice de la réduction de prix qu'il avait obtenue. (Grenoble 12 mai 1866.)

Ainsi, si tu dépasses la station, à l'*aller*, on te retire tes deux coupons, et tu es forcé de payer la place pour le trajet effectué, d'après *le prix ordinaire du tarif*, défalcation faite de la valeur de ton billet d'aller et de retour.

Si, au *retour*, tu agis de même, on opère de la même façon, et dans ce cas, on te tient compte de la valeur du coupon de retour.

Continuation du voyage avec un billet ordinaire. — Mais si j'ai pris un billet *d'aller et de retour* pour une station, ne puis-je pas, en arrivant à cette station, *exiger* un billet simple pour continuer mon voyage *par le même convoi*, jusqu'à une station plus éloignée pour laquelle on ne délivre pas de billets de faveur ?

— Non. — Le 12 mai 1866, la cour de Grenoble a statué sur cette question dans les termes suivants :

« La Cour, attendu que X..., parti de Grenoble le 28 octobre 1865, par le train 464, avec un billet d'aller et retour pour Saint-

Marcellin, a continué son voyage par *le même train*, jusqu'à la Sône, station située au-delà de Saint-Marcellin ; qu'il s'est placé dans le cas prévu par le règlement du 10 décembre 1862, portant que « lorsqu'un voyageur descendra à *l'aller* à une station au-delà de celle indiquée par son billet d'aller et retour, les deux coupons lui seront retirés et il sera tenu de payer sa place pour le trajet entier qu'il aura effectué, d'après *le prix ordinaire du tarif*, défalcation faite de la valeur de son billet d'aller et retour. »

Attendu qu'à la station de la Sône, X...., après avoir de nouveau offert au chef de gare le prix simple pour le trajet qu'il avait effectué de Saint-Marcellin à la Sône, a refusé de rendre son coupon d'aller et retour au chef de gare qui le réclamait et lui offrait la différence entre le prix du billet d'aller et de retour de Grenoble à Saint-Marcellin et le prix ordinaire du trajet entier de Grenoble à la Sône ; que par son refus, il a commis une contravention à l'art. 21 de la loi du 15 juillet 1845, et au règlement du 10 décembre 1862, règlement approuvé par M. le Ministre des travaux publics et rendu exécutoire dans le département de l'Isère, par arrêté de M. le Préfet de ce département ; — Attendu que pour s'affranchir de la responsabilité qu'il a encourue, X... oppose en vain qu'il a demandé, en arrivant à la gare de Saint-Marcellin, un *billet simple* pour la Sône ; qu'en effet, le chef de cette gare n'a consenti à la délivrance du billet demandé qu'à la condition par X... de se soumettre aux prescriptions ci-dessus transcrites du règlement du 10 décembre 1862 ; que X... ayant refusé de se soumettre à ces prescriptions, le chef de gare a exercé un droit et a rempli son devoir en *lui refusant un billet pour la Sône* ; — Attendu que l'on ne peut admettre la prétention de X..., d'avoir le droit d'exiger, moyennant le prix ordinaire, des billets simples de Saint-Marcellin à la Sône, *tout en profitant du bénéfice de son billet d'aller et de retour de Grenoble à Saint-Marcellin* ; que l'usage et les conditions de la délivrance des billets d'aller et de retour à des prix considérablement réduits sont nettement déterminés par le règlement du 10 décembre 1862 ; que ces billets ne peuvent servir que pour les stations situées entre les points de départ et de destination qu'ils indiquent ; que si le voyageur peut, sans payer un supplément de prix, descendre à l'aller et au retour, *en deçà* des stations indiquées par son billet, il ne peut descendre *au-delà* de ces mêmes stations sans perdre le bénéfice de la réduction de prix qu'il avait obtenue ; que ces conditions de la délivrance des billets d'aller et de retour sont générales, applicables à tout voyageur, et ne sont pas restreintes aux cas de fraude et de négligence ; — Attendu que X... n'a pas le droit de se plaindre de ce qu'au moment de son arrivée à la gare de Saint-Marcellin le guichet où se délivrent les billets aurait été fermé, bien qu'il y eût un arrêt de 10 minutes à cette gare ; qu'en admettant que ce guichet fût fermé, ce dont il n'a pu s'assurer par lui-même, puisqu'il n'a pas quitté la voie, le moment réglementaire de la fermeture étant rigoureusement arrivé, le train 464, ayant, à Saint-Marcellin, un retard de 10 minutes, et les guichets devant être fermés 5 minutes avant l'heure *fixée* pour le départ et *non 5 minutes avant le départ réel* ; que X... n'a pas davantage le droit de se plaindre de ce retard qui l'aurait empêché de sortir de la voie, de se mêler au public du dehors et d'obtenir au guichet un billet pour la Sône ; que l'on ne peut, en effet, faire sérieusement à la Compagnie du chemin de fer un grief d'un retard et d'une fermeture de guichet dont le résultat aurait été de mettre obstacle à un voyage contraire aux prescriptions d'un règlement d'administration publique ;..... que X..., tout en commettant une contravention, a agi de bonne foi avec la conviction qu'il exerçait un droit : qu'il n'y a pas lieu, dès lors, d'ordonner l'insertion et l'affiche demandée par la Compagnie ; condamne X... à payer à ladite Compagnie le prix de la place qu'il a occupée le 28 octobre 1865, de Grenoble à la Sône et de la Sône à Grenoble, *suivant le tarif ordinaire*, défalcation faite des sommes par lui payées, pour son billet d'aller et de retour. »

Comme tu le vois, tu ne peux, en ce cas, exiger un billet simple à la station d'arrivée, pour continuer la route par le même convoi, en te soumettant au tarif ordinaire. Tu serais forcé d'attendre le convoi suivant pour être en mesure de prendre un billet simple afin de continuer ton voyage.

Cependant il peut se faire qu'à la station où doit te conduire ton billet de faveur, le train s'arrête quelques minutes. — Pendant cet arrêt tu quittes la voie et si le guichet de distribution est encore ouvert, tu peux prendre un billet simple comme tout voyageur, et profiter du même train pour continuer ta route. Mais si l'heure réglementaire de la fermeture du guichet est arrivée, tu ne peux rien *exiger*, car alors si l'on veut bien encore te remettre un billet, cette remise n'est qu'une courtoisie de la part de l'employé et non l'exécution d'une obligation.

— C'est bien. — Si jamais je me trouve en semblable occurence, je ferai la démarche polie que tu m'indiques La politesse et l'aménité sont d'heureux auxiliaires toujours.

— Si le voyageur qui doit employer dans le même jour ses deux coupons d'aller et retour ne peut revenir le même jour, peut-il utiliser son coupon le *lendemain ?*

— Non. Les billets à prix réduits ne sont valables que pour un certain temps passé lequel ils ne peuvent plus être utilisés.

Dès lors quand l'aller et le retour doivent s'effectuer le même jour, ou dans un délai déterminé, l'on ne peut, *après le délai fixé,* user de ce billet, il est entièrement perdu.

De plus : le voyageur qui en userait alors pourrait être considéré comme étant *sans billet* et être condamné à une *amende.*

C'est ce que vient de juger la 6e chambre du tribunal de la Seine, dans les termes suivants :

« Attendu que d'après le tarif de la Compagnie du chemin de fer de l'Ouest, qui a été homologué et rendu public, les billets *d'aller et retour* ne sont valables que pour le jour de leur délivrance et se trouvent *périmés à défaut d'emploi dans la même journée*, et que le voyageur doit payer sa place sans aucune déduction s'il est porteur d'un coupon périmé ;

Attendu qu'il est constant en fait que X. a, le 14 janvier 1866, pris à la gare de l'Ouest, à Paris, un billet à prix réduit, pour se rendre à Nantes et revenir à Paris, le même jour, et qu'au lieu d'user de cette faculté il n'est revenu à Paris que le lendemain ;

Qu'en cette circonstance il se trouvait devoir le prix de place entière, que cependant à son retour à Paris, il a refusé d'acquitter le prix de cette place ; *qu'il doit dès lors être considéré comme ayant voyagé sans billet*,

Le déclare coupable de la contravention prévue et punie par l'art. 63 de l'ord. royale du 15 novembre 1846 et l'art. 21 de la loi du 15 juillet 1845 ;

Faisant application de ce dernier article ainsi conçu :

« Toute contravention aux ord. royales portant règlement d'administration publique sur la police, la sûreté et l'exploitation des chemins de fer et aux arrêtés pris par les préfets sous l'approbation du Ministre des travaux publics pour l'exécution des dites ordonnances, *sera punie* d'une amende de 16 à 3,000 fr. . . condamne X à 16 fr. d'*amende* et aux dépens. »

Oh ! pour le coup je me fâche. Je trouve cette décision bien sévère. Passe encore pour la perte du droit de retour ; mais paraître au tribunal correctionnel, et y subir la peine d'une *amende*, cela me paraît d'une excessive sévérité.

C'est vrai. Le voyageur ayant été admis dans le train sur la présentation de son billet aux employés de la Compagnie, et dans l'ignorance où il était qu'il ne pouvait plus servir, est-il en faute ? N'est-ce pas l'employé qui admet ce voyageur qui est seul cause de la méprise ? Dès lors, en ce cas, peut-on assimiler ce voyageur à celui qui voyage sans billet ?

Il me semble que sa bonne foi paraissant évidente, l'on devrait se contenter de lui faire payer le prix ordinaire du retour.

— Alors les voyageurs avec billets d'aller et retour sont exposés à payer souvent leur transport à prix réduit beaucoup plus cher que s'ils prenaient un billet ordinaire au prix le plus élevé ?

— Cela arrivera chaque fois que le voyageur ne pourra pas utiliser ses deux coupons dans le délai fixé. Dans ce cas il aura payé pour un transport non effectué et la Compagnie en bénéficiera.

— Oh ! alors je vais crier cela sur les toits pour que les voyageurs de grande et petite banlieue se le disent et se le rappellent surtout.

Mais pourrait-on poursuivre correctionnellement celui qui ferait usage d'un billet périmé ?

— Malgré le jugement de la 6e chambre du tribunal de la Seine que je viens de te faire connaître, j'incline à penser que non. Ainsi, si par erreur et de bonne foi, bien entendu, un voyageur faisait usage d'un billet périmé n'ayant pas servi, il n'y aurait pas lieu à poursuite correctionnelle. (Reims, 29 avril 1856.)

La question de la péremption du billet ne devrait donner lieu qu'à *une contestation civile* entre la Compagnie et le voyageur. (Trib. correct. Seine, 14 mai 1862.)

Dans ce cas, il y aurait lieu seulement à exiger le paiement du prix de transport *suivant le tarif ordinaire* pour tout le trajet parcouru.

Voilà, je crois, ce que l'on devrait décider en pareille occurrence. Le voyageur s'est trompé de bonne foi puisqu'il a présenté son billet à l'employé ; c'était à celui-ci à l'avertir de l'erreur qu'il commettait involontairement, car ce n'est que l'intention de nuire qui est coupable et qui mérite une peine.

Mais si le voyageur avait un billet *falsifié* ou un permis de circulation délivré sous *un autre nom que le sien*, il serait d'une part considéré comme n'ayant pas de billet (Auxerre, 24 déc. 1858) et il serait, pour ce fait, poursuivi devant le tribunal correctionnel pour violation de la loi sur la police des chemins de fer.

D'un autre côté, suivant les circonstances, cette action pourrait dégénérer en un délit d'escroquerie ou de filouterie s'il était établi que le voyageur a eu recours à des manœuvres illicites.

Néanmoins l'emploi par un individu, d'un *faux nom* et d'une fausse qualité, et l'usage d'un permis de circulation délivré à un tiers, pour se faire admettre et voyager gratuitement dans un train de chemin de fer, ne constitue pas le délit d'escroquerie. Ce fait doit simplement être considéré comme une infraction prévue et punie par la loi du 15 juillet 1845 et par l'ord. du 15 nov. 1846.

C'est ce qu'ont **jugé** la cour de cassation le 6 mai 1865 et la cour de Toulouse le 7 avril même année.

Voici en quels termes ces Cours ont statué sur la question :

La Cour de Toulouse, le 7 avril 1865, avait dit :

« Attendu, en ce qui touche le délit *d'escroquerie*, que l'emploi d'un faux nom et d'une fausse qualité de la part de **X.** et l'usage par lui d'un billet personnel à **D.** pour voyager gratuitement par le chemin de fer, renferme l'un des caractères qui, d'après l'art. 405, C. pén., constituent le délit d'escroquerie ; mais qu'il n'a, par ce moyen, obtenu de la Compagnie ni fonds, ni valeurs, ni obligations, ni quittances, ni décharges ; que, si la fraude du prévenu l'a privé du bénéfice d'un transport, elle ne lui a rien remis qui pût le mettre à l'abri du paiement qui pouvait lui être réclamé dans le cas où cette fraude serait découverte ;

Attendu que ce fait doit donc être simplement considéré comme une infraction prévue et punie par la loi du 15 juillet 1845 et par l'ord. du 15 nov. 1846, qui contiennent des dispositions spéciales et complètes en ce qui touche la sûreté et l'exploitation des chemins de fer, et qui répriment les fraudes et manœuvres ayant pour but, de la part de ceux qui les emploient, de se procurer un transport gratuit sur les chemins de fer au préjudice des Compagnies ;

Attendu, au surplus, que rien n'établit que X. se soit procuré par des moyens frauduleux le billet personnel à D., et que tout fait présumer au contraire, que la remise de ce billet lui a été faite volontairement par ce dernier ou par son commettant ; par ces motifs, relaxe. »

Sur le pourvoi du ministère public, la cour de cassation, ch. crim., a le 6 mai 1865, rejeté le pourvoi par les motifs suivants :

« La Cour, — En ce qui touche le délit d'escroquerie : sur le moyen tiré de la violation de l'art. 405, C. pén., en ce que l'arrêt attaqué aurait refusé de reconnaître les caractères de l'escroquerie au fait incriminé, et consistant de la part du prévenu, à avoir fait usage d'un permis de circulation délivré à un tiers, pour se faire admettre et voyager gratuitement dans un train du chemin de fer du Midi ;

Vu ledit art. 405 ;

Attendu que pour constituer le délit d'escroquerie, l'article précité exige, outre l'usage soit d'un faux nom, soit d'une fausse qualité, ou l'emploi des manœuvres frauduleuses qui y sont spécifiées, la remise ou la délivrance de fonds, meubles, obligations, dispositions, billets, promesses, quittances ou décharges ;

Attendu que cette remise ne peut s'entendre que de la tradition matérielle de l'un des objets ci-dessus mentionnés ;

Attendu que l'arrêt attaqué, tout en admettant que X. a fait usage d'un faux nom et d'une fausse qualité, constate que le prévenu n'a obtenu de remise d'aucun objet de la part de la Compagnie du chemin de fer ; d'où il suit que ledit arrêt, en prononçant le relaxe du prévenu, loin de violer les dispositions de l'art. 405 du C. pén., n'en a fait qu'une saine interprétation, rejette. »

Mais si ce fait ne constitue pas le délit d'escroquerie, il n'échappe pas à toute répression, il tombe, comme je te l'ai dit, sous l'application de la loi du 15 juillet 1845 et de l'ord. du 15 nov. 1846 qui punissent d'une amende celui qui occupe sans billet une place dans les compartiments d'un convoi de chemin de fer.

— Les Compagnies ne délivrent-elles pas des billets valables pour d'autres voies que le chemin de fer qu'elles exploitent elles-mêmes? Dans ce cas, quelle est la responsabilité des Compagnies ?

— Lorsqu'une Compagnie délivre des *billets de parcours* valables durant un mois, par exemple, pour un voyage dans les pays voisins de la frontière française, avec arrêts facultatifs aux différents endroits parcourus par la voie ferrée, elle est responsable de toutes les obligations incombant aux Compagnies étrangères avec lesquelles elle a dû s'entendre pour le transport des voyageurs et de leurs bagages.

Cette responsabilité est régie par les mêmes principes que ceux auxquels la Compagnie est soumise elle-même en France, vis-à-vis des voyageurs qui parcourent le chemin de fer dont elle est concessionnaire.

C'est vainement qu'elle opposerait qu'il ne s'agit plus de parcours direct prévu par les billets qu'elle délivre, et au-delà duquel cesserait, suivant elle, sa garantie à des voyageurs qui, jugeant à propos de s'arrêter en un point sans reprendre possession de leurs bagages, en ont, suivant l'usage établi en France, effectué le dépôt à la gare du chemin de fer où ils ont été avariés.

Car le droit de stationner là où il plaît aux voyageurs est une des conditions avantageuses offertes par la Compagnie aux porteurs de billets de parcours. (Trib. Seine 26 janvier 1859.)

Sur l'appel de la Compagnie ce jugement a

été confirmé par la Cour de Paris le 22 août 1859.

— De même si une Compagnie délivre un billet pour un voyage nécessitant une traversée en mer, elle répond de *l'avarie* ou de la *perte* des bagages du voyageur pendant la traversée.

— Puisque la Compagnie a pris l'engagement de faire arriver jusqu'à destination les voyageurs et leurs bagages en *bon état*, peu importe que ce transport s'effectue par des intermédiaires indépendants de la Compagnie, elle doit en répondre. (Trib. Seine, 14 déc. 1858.)

En effet, lorsqu'une Compagnie propose au public des tournées, *dites de plaisir*, qui doivent s'exécuter en partie par d'autres voies que le chemin de fer qu'elle exploite, elle s'est nécessairement concertée avec les directeurs de ces voies. Sous ce rapport, elle se soumet aux obligations et à la responsabilité des entrepreneurs de transport qui emploient des intermédiaires.

Dès lors, quelle que soit l'étendue de ces tournées, quels que soient les moyens et la direction du parcours, cette Compagnie répond du fait des entreprises tierces qu'elle s'est substituées pour l'accomplissement du voyage.

La Compagnie ne pourrait échapper à la responsabilité résultant de l'art. 1784 C. N. qu'en rapportant la preuve du cas fortuit ou de la force majeure. (Paris, 22 août 1859.)

— Tu m'as dit précédemment que la mention imprimée limitant la responsabilité des Compagnies à 150 fr. en cas d'avarie ou de perte des effets du voyageur, n'avait en France aucune valeur; en serait-il de même si je traitais en pays étranger dans les mêmes conditions?

Est-ce qu'alors la limitation de la garantie à une somme déterminée aurait son effet?

— Cette question a une très grande portée, puisque sa solution servira à résoudre une difficulté qui deviendra très fréquente à une époque où les nations se rapprochent et se mêlent, où le commerce entre les peuples prend chaque jour des proportions plus con - sidérables.

Ces relations multipliées entre personnes de nations différentes, donneront souvent aux tribunaux l'occasion de rechercher quelle est la loi applicable à un contrat formé dans un pays, et qui doit s'exécuter dans un autre, lorsqu'il est intervenu entre personnes de pays étrangers.

Ce problème si intéressant a été résolu par

N° 68.
Convention de
transport
avec
une Compagnie
étrangère.

la Cour de cassation dans les termes suivants:

« Vu l'art. 1134 C. Nap. — Attendu qu'aux termes de l'art. 1134, les conventions légalement formées tiennent lieu de loi à ceux qui les ont faites ; que pour décider si une convention a été légalement formée, il faut l'examiner d'après les règles de la législation à laquelle sa formation était soumise ;

Attendu que Julien s'est embarqué à Hong-Kong, possession anglaise, en contractant avec la Compagnie anglaise péninsulaire orientale; que cette *convention relevait de la législation anglaise*, en vertu de la règle qui fait régir l'acte par la loi du lieu où il a été passé, quant à sa forme, à ses conditions fondamentales et à son mode de preuve;

Attendu que l'arrêt attaqué en appréciant selon la loi française, la preuve produite par la Compagnie à l'effet de se prétendre exonérée du dommage résultant pour Julien de la perte de ses bagages, et en refusant ainsi d'examiner le litige au point de vue du statut anglais, a expressément violé l'art. 1134 C. Nap.; *casse.* »

Ainsi la Cour de cassation, pour résoudre le problème, pose un principe d'une extrême simplicité. « Le contrat est régi *par la loi du lieu où il a été passé.* »

Dès lors d'après cette jurisprudence, si l'on traite en Angleterre, si, en Angleterre, une Compagnie anglaise prend l'engagement de te transporter en France avec tes bagages, c'est la loi anglaise seule qui régira le contrat dans toutes ses conditions fondamentales.

En conséquence, si la loi anglaise reconnaît aux Compagnies le droit de *limiter* leur garantie en cas d'avarie ou de perte de tes bagages, à la somme de 15 francs par exemple, cette stipulation fera la loi des parties, et tu ne pourras rien réclamer au-delà, quelle que soit la perte que tu éprouves, *même par la faute de la Compagnie*.

De plus : on peut ajouter que le voyageur, en contractant avec une Compagnie étrangère, a dû par cela seul qu'il était étranger, prendre des renseignements précis sur la forme et le fond du contrat ; qu'il a dû s'assurer à l'avance de la valeur des stipulations écrites ou imprimées dans la quittance du prix du transport, et qui déchargent la Compagnie de la responsabilité de ses fautes ou de celles de ses employés. Ne serait-ce pas aussi en raison de ce défaut de responsabilité que le prix du transport a été stipulé *à prix réduit ?*

Le voyageur n'a-t-il pas couru cette chance à ses risques et périls pour obtenir une diminution notable du prix de transport ? Alors il n'a pas à se plaindre.

Mais si les prix sont ceux *ordinaires* d'un transport effectué sans ces conditions de rabais exhorbitants, si le voyageur n'a attaché aucune importance à la mention imprimée, s'il ne l'a *pas pu ou su lire*, cette mention imprimée, sans valeur en France, le liera-t-elle rigoureusement en Angleterre ?

La convention qui décharge de la responsabilité des fautes est-elle licite ? Cette convention qui décharge des fautes d'imprudence n'a-t-elle pas pour effet d'endormir la vigilance du transporteur et de multiplier les accidents et les malheurs ? Cette irresponsabilité n'est-elle pas blâmable et dangereuse ?

C'est ce que décide la loi française.

Mais si les lois étrangères permettent une semblable stipulation contraire à la loi et à la morale en France, n'y a-t-il pas quelque chose de choquant à exiger que des magistrats français fassent violence à leurs sentiments et à la loi de leur pays, pour faire exécuter en France une convention que leurs lois réprouvent?

Qu'on fasse exécuter en Angleterre une semblable stipulation si elle y est permise, soit : mais qu'on ne demande pas protection et appui à la justice française imbue d'idées et de principes différents. N'allez pas mettre le magistrat français aux prises avec ses devoirs, sa morale et sa loi.....

Nous inclinerions à penser, qu'en raison des rapports nombreux et multiples qui dorénavant vont s'établir entre les peuples, ce n'est ni la loi française ni la loi étrangère qu'il faut observer ; que ce n'est ni le lieu de la formation du contrat ni celui de son exécution, ni la nationalité des parties qui devraient déterminer la loi applicable alors. Le droit naturel, le droit des gens, le droit commun à tous les hommes, le droit qui découle de la raison humaine et que la raison humaine a établi le même partout: voilà la loi qu'on devrait appliquer à des gens de nationalités différentes et qui ne relèvent pas du même droit civil, du même droit abstrait et positif. Point de droit *spécial* en semblable matière, mais un droit unique, général, connu et pratiqué par tous les peuples civilisés. C'est le droit de l'humanité, c'est le droit des gens. Voilà le code que nous voudrions voir appliquer en semblable occurrence. Ce code, les nations le feront, ce sera le droit international. Dans un avenir peu éloigné la nécessité le créera.

CHAPITRE V.

—

Sommaire :

N° 69. Marche des trains. Vitesse ordinaire. — N° 70. Pentes. — N° 71. Ralentissement aux approches d'une station. Sons de trompe. — N° 72. Heure réglementaire. — N° 73. Intervalle entre les trains. — N° 74. Changement de place ou de direction en route. — N° 75. Abandon des voyageurs sur la voie. — N° 76. Retard d'un train correspondant avec un autre train. — N° 77. Retard, mesures à prendre. — N° 78. Indemnités pour retard. — N° 79. Itinéraire des trains. — N° 80. Eclairage des trains, stations, souterrains, brouillards. — N° 81. Passages à niveau. — N° 82. Contrôle de route. — N° 83. Exhibition des billets. Refus. — N° 84. Délivrance d'un billet de 1re classe ou de 2e au lieu d'un billet de 3e. Usage de ce billet. — N° 85. Descente à une station plus éloignée que celle du billet. — N° 86. Sonnerie électrique. Feux de diverses couleurs. — N° 87. Lettres à expédier pendant le voyage. Dépêche télégraphique. — N° 88. Dégradations des lignes télégraphiques. — N° 89. Plaintes des voyageurs. Registre spécial. — N° 90. Buffet. Buvette. — N° 91. Voies de fait. — Injures envers les agents des Compagnies.

N° 69.
Marche des trains.

— Mais il me semble que notre train marche avec une vitesse bien grande ?

— D'après l'art. 33 du cahier des charges qui reproduit l'art. 29 de l'ord. du 15 nov. 1846, le Ministre détermine sur la proposition de la Compagnie le *minimum* et le *maximum* de vitesse des convois de voyageurs et de marchandises et des convois spéciaux des postes ainsi que la durée du trajet.

La vitesse *maxima* des trains a été fixée par des décisions spéciales, savoir : à 120 kilom. par heure, (ch. du Nord), et 100 kilom. (ch. de l'Est.).

La vitesse moyenne des trains varie, non compris les temps d'arrêt ou de ralentissement, de 55 à 70 kilom. pour les trains *express et postes*; de 45 à 55 kilom. pour les trains *directs* de voyageurs ; de 38 à 45 kilom. pour les trains *omnibus* ; de 30 à 35 kilom. pour les trains *mixtes*; de 25 à 30 kilom. pour les trains de marchandises et les trains spéciaux de troupes ; de 25 à 35, pour les trains de ballast et de matériaux.

— Je vois là-bas une pente rapide, le train la franchira-t-il avec la même vitesse?

N° 70.
Pentes.

— Non. En général il est recommandé aux mécaniciens qui ont des pentes à descendre de 15 à 20 millimètres, de ne pas dépasser la vitesse de 35 à 40 kilom. par *heure* pour les trains rapides, de 25 à 35 pour les trains omnibus, de 20 à 25 pour les trains de marchandises ou de matériaux.

N° 71.
Ralentissement de la marche aux approches d'une station.

— Mais il me semble que la marche du

train se ralentit beaucoup maintenant, pourquoi?

— Entends le coup de sifflet ; nous appro-
chons d'une station. Or, l'art. 37 de l'ord. de
1846 porte : « A l'approche des stations d'arrivée, le mécanicien devra prendre les dispositions convenables pour que la vitesse soit
complètement amortie avant le point où les
voyageurs doivent descendre, et de telle sorte
qu'il soit nécessaire de remettre la machine
en action pour atteindre le point. »

Son de trompe. — Mais que signifie ce son de trompe que
j'entends à présent?

— Les trompes à l'usage des gardes-ligne
sont employées comme signaux auxiliaires.
Un son de trompe allongé annonce l'approche d'un train ou d'une machine.

N° 72.
Heure
réglementaire. — Mais pourquoi restons-nous si longtemps
à cette station ?

— Parce qu'un convoi ne peut partir d'une
station *avant* l'heure déterminée par le règlement.

Quand donc un train arrive en *avance* à
une station il attend, pour partir, l'heure réglementaire.

— Mais lorsque le train est en retard,
peut-on accélérer sa vitesse ?

— Le départ d'un *convoi* après l'heure

fixée, constitue une contravention aux articles 43 et 79 de l'ord. du 15 novembre 1846 (Bourges, 21 février 1856) ; mais les mécaniciens peuvent augmenter sans inconvénient, d'un *tiers*, ou même de *moitié* (suivant les lignes), la vitesse ordinaire.

Les règlements les autorisent à user de tous les moyens en leur pouvoir pour ne pas arriver aux stations après les heures indiquées, sans atteindre cependant le *maximum* de vitesse fixé par l'administration.

L'art. 27 de l'ord. de 1846 porte : « Aucun convoi ne pourra partir d'une station avant l'heure déterminée par le règlement de service. Aucun convoi ne pourra également partir d'une station avant qu'il se soit écoulé depuis le départ ou le passage du train précédent, le laps de temps qui aura été fixé par le ministre des travaux publics, sur la proposition de la Compagnie. »

--- Mais en accélérant la vitesse, notre train ne pourrait-il pas atteindre celui qui l'a précédé ?

— C'est peu probable. En effet, les règlements posent en général le principe suivant : « Aucun train ne doit quitter une gare avant qu'il se soit écoulé, depuis le départ du train précédent, un *intervalle de dix minutes.*

N° 73
Intervalle
entre
les trains.

Cependant l'intervalle peut être réduit à 3 minutes :

1° Lorsque le premier train marche plus vite que le second, et qu'il aura notamment une vitesse supérieure de 10 kilom. à l'heure, comme un train *direct* de voyageurs précédant un train omnibus, ou un train omnibus précédant un train de marchandises ;

2° Lorsqu'un train de voyageurs partira d'une gare où un train de voyageurs marchant à une vitesse égale ou supérieure, *ne se sera pas arrêté*.

3° Lorsqu'un train de marchandises (garé au besoin pour laisser passer un autre train) partira d'une gare où un train précédent et plus rapide ne se *sera pas arrêté*.

L'intervalle pourra même être réduit à 2 minutes, toutes les fois que la distance à parcourir sur la même voie par les trains qui se suivront n'excédera pas 3 kilom. et que la vitesse du deuxième train sera au plus *égale* à celle du premier, ou lorsque les deux trains qui se succèdent à une station d'embranchement doivent, à peu de distance de cette station, suivre chacun une direction différente.

Comme tu le vois, il n'y a rien à craindre, les mesures sont sagement prises.

De plus, la voie doit être couverte toutes

les fois qu'elle est *occupée* ou *embarrassée*, soit par le stationnement d'un train, soit pour toute autre cause ; on cessera de la couvrir lorsqu'elle sera devenue libre, ou que 10 minutes se seront écoulées après le passage ou le départ de chaque train.

Pour compléter les mesures de précaution, il est encore d'usage d'établir dans les gares très fréquentées, des voies *d'évitement* ou de *garage*.

Ces voies de dégagement sont établies là où il existe de fortes déclivités et lorsque la distance entre deux stations est considérable, afin de servir de refuge aux trains en cas de retard prolongé ou d'accident.

Quand il n'y a pas de voies de garage intermédiaires, le train qui doit se garer en route pour laisser passer le train qui le suit, ne doit pas franchir une gare, lorsqu'il n'a plus sur ce dernier une avance suffisante pour atteindre le premier garage 10 minutes au moins avant lui.

— Si, en cours de voyage, nous voulions changer de *classe* ou de *direction*, et aller à une station plus éloignée que celle de nos billets, que faudrait-il faire ?

No 74.
Changement de place ou de direction en route.

— Lorsque tu veux changer de classe, tu

paies un supplément du prix. (Rouen, 25 avril 1861.)

Lorsque tu voudras aller *plus loin* que la station indiquée par ton billet, tu devras t'entendre avec un employé de la Compagnie qui pourra te remettre un nouveau billet pour ta dernière destination et te faire payer un supplément.

Mais il arrive souvent qu'on retire des mains du voyageur le billet dont il est porteur et qu'on ne fait opérer la perception supplémentaire qu'à l'arrivée. Dans ce cas, le voyageur se trouve pendant une partie du parcours sans titre constatant quelle somme il a payée. Des difficultés peuvent se produire, et pour les éviter, il est indispensable de ne retirer le billet *que contre la remise du bulletin de supplément.* (Inst. spéc.)

Et lorsque tu veux changer de *direction*, si tu as des bagages, il faut bien te rappeler qu'à la gare de départ ils ont été enregistrés pour être déposés à *la station désignée sur ton billet.* Dès lors, quand tu changes d'itinéraire, il faut prévenir l'agent de la Compagnie de toutes ces circonstances, autrement tes bagages ne te suivraient pas à la nouvelle station où tu veux aller; ils seraient déposés à la station primitivement désignée, et de la sorte tu

éprouverais un retard qui pourrait te préjudi-
cier et dont la Compagnie ne serait pas responsable. C'est donc à toi de fournir tous ces
renseignements en changeant de direction si
tu ne veux pas éprouver de retard.

— J'ai entendu tout-à-l'heure un employé
menacer un voyageur de le laisser sur la voie;
est-ce permis?

N° 75.
Abandon des voyageurs sur la voie.

Le chef de train, qui sans justes motifs fait
descendre un voyageur du wagon et l'aban-
donne sur la voie, doit à ce voyageur la réparation du préjudice qu'il lui a causé. (Trib
Besançon, 12 novembre 1857.)

— Si le train qui nous transporte et qui
correspond avec celui qui doit nous conduire
à destination arrivait en retard et après le
départ du train correspondant, qu'arriverait-
il?

N° 76.
Retard d'un train correspondant avec un autre train.

— En cas de retard d'un train correspondant avec un autre convoi, dans une gare de
bifurcation, le train d'embranchement prêt
à partir à son heure règlementaire, *est retenu*
jusqu'à ce qu'il se soit écoulé au moins 20 ou
30 minutes, suivant l'importance du parcours
ou du retard annoncé par le train attendu.
(Instr. spéc.)

Lorsque, malgré cette précaution, le train
de la ligne principale arrive *trop tard* au point

de la bifurcation pour transborder immédiatement les voyageurs, ces derniers doivent
être dirigés à destination par *le train le plus
prochain* quittant la station de départ et desservant la station de destination, quelles que
soient d'ailleurs et la composition de ce train
et la classe ou les classes des voitures. (Circ.
minist. des 15 avril 1859 et 6 novembre
1858.)

Les instructions pour l'expédition par le
train le plus prochain des voyageurs oubliés
dans les gares, s'appliquent aux voyageurs qui,
par suite d'irrégularité dans la marche des
trains, ont manqué la correspondance, aux
divers points d'intersection du réseau. (Circ.
minist. du 15 avril 1859)

Dès lors les voyageurs doivent être admis à
prendre place, *sans supplément de prix*, dans
le train qui suit celui qui devait les recevoir,
ce train ne fût-il composé que de voitures de
1re classe et les voyageurs ne fussent-ils nantis que de billets de 3me classe.

Dans certains cas, et lorsque le nombre des
voyageurs ou d'autres circonstances urgentes
motivent cette mesure, la gare de départ où
une correspondance de convois a été manquée,
expédie un *train spécial* pour diriger à destination les voyageurs qui doivent continuer

leur route. Ce convoi est expédié avec les précautions ordonnées en pareil cas.

De plus, les correspondances manquées aux gares de bifurcation par suite de retards, sont indiquées sur les tableaux hebdomadaires destinés à constater les perturbations survenues dans la marche des convois, avec les motifs qui ont empêché la régularité du service de correspondance. (Circ. minist. 19 octobre 1859.)

Chaque train de voyageurs devra être l'objet d'indications faisant connaitre les retards de 15 minutes survenus dans un parcours de moins de 100 kilom. et de 30 minutes dans un parcours de plus de 100 kilom., ainsi que les causes de ces retards. (Circ. minist. du 19 février 1856.)

Tout retard excédant 10 minutes au départ d'une gare où il est établi un poste télégraphique, doit être annoncé au poste suivant. Tout retard excédant 20 minutes doit être transmis de poste en poste jusqu'au dépôt où le train doit changer de machine.

Quand le retard est de plus d'*une heure*, la cause doit en être indiquée. (Inst. spéc.)

D'après la circulaire ministérielle du 8 décembre 1855, « lorsque par une cause quelconque, un train de voyageurs ne pourra arri-

N° 77.
Retards.
Mesures à prendre.

ver à destination que plus *d'une heure* après le moment de son arrivée réglementaire, avis de ce retard, et autant que possible sa cause, devra être donné sur la ligne, par le télégraphe, aux chefs de gare, qui devront communiquer immédiatement la dépêche aux commissaires de surveillance.

Ces derniers fonctionnaires auront mission, à leur tour, d'informer les préfets, afin que ces magistrats puissent prendre telles mesures qu'ils jugeront à propos pour faire connaître *au public* la cause du retard et calmer ses appréhensions. »

De plus, les Compagnies sont chargées du soin de faire placarder dans toutes les gares desservies par les trains, les annonces que le public peut avoir intérêt à recevoir, touchant les causes des retards desdits trains, et les chefs de gare ont la mission d'informer les préfets.

Ces avis ne seront utiles et ne seront donnés qu'autant que le retard du train aura été ou devra être assez considérable pour exciter des alarmes dans le public et justifier une annonce en dehors de la gare. (Circ. minist. 30 janvier 1856.)

N° 78.
Indemnités
pour retard.

— Toutes ces mesures sont excellentes ; mais si le retard fait manquer à un voyageur le départ par la ligne de correspondance et qu'il en éprouve un dommage, n'a-t-il pas, dans ce cas, un recours contre la Compagnie?

— Sans doute. Il est évident qu'alors, et à moins d'un cas de force majeure, le voyageur peut attaquer la Compagnie et se faire allouer des dommages-intérêts proportionnés au préjudice qu'il justifierait avoir éprouvé, par suite de ce retard imputable à la Compagnie.

C'est du reste ce que vient de décider le tribunal de commerce de la Seine dans les circonstances suivantes :

Un voyageur de commerce a fait assigner la Compagnie du chemin de fer d'Orléans, en 150 fr. d'indemnité pour le préjudice que lui avait causé le retard d'un train de correspondance qui devait lui permettre de prendre le train de Redon à Rennes. Une avarie survenue à la locomotive pendant le trajet de Lorient à Redon avait en effet arrêté sa marche et le train de Rennes était depuis longtemps passé lorsqu'on était arrivé à Rennes.

La Compagnie objectait que les accidents de vapeur entravant la marche des trains devaient être rangés dans la catégorie des cas de force majeure, et qu'elle ne pouvait en être responsable.

Le tribunal de commerce de la Seine a jugé qu'on ne pouvait admettre un tel système; que les Compagnies des chemins de fer devaient, autant dans l'intérêt de la sécurité publique que dans celui de la régularité du service, ne faire usage que de machines pouvant faire un service sûr et régulier; que la Compagnie ne pouvait donc, en invoquant un cas de force majeure qui n'était point justifié, s'affranchir de la responsabilité qui lui incombait et refuser de réparer le préjudice qu'elle avait causé par son imprévoyance.

Réduisant toutefois à la somme de 50 fr. la réparation due pour le dommage causé, il a condamné la Compagnie d'Orléans à payer cette somme au voyageur de commerce, et en outre les dépens. (J. *le Siècle* du 7 octobre 1864.)

N° 79.
Itinéraire
des trains.

— Mais si le mécanicien venait à passer la station où doit nous conduire le train, qu'adviendrait-il?

— Si le mécanicien passe une station, sans s'y arrêter lorsque cet arrêt a été prévu par les ordres de service, il commet une infraction aux règlements et il encourt l'amende édictée par l'art. 21 de l'ord. du 15 juillet 1845.

Le tribunal correctionnel de Compiègne, a, le 5 novembre 1862, condamné à 16 fr. d'amende un mécanicien qui avait ainsi passé une station sans s'y arrêter.

De plus, la Compagnie est responsable du préjudice que ce retard peut réellement porter aux voyageurs.

— Pourquoi les stations sont-elles éclairées à cette heure ?

— Aussitôt après le coucher du soleil et après le passage du dernier train, les stations et leurs abords devront être éclairés ; il en est de même pour les passages à niveau pour lesquels l'administration jugera cette mesure nécessaire. (Art. 6 de l'ord. du 15 novembre 1846.)

— Pourquoi notre train est-il aussi éclairé ?

— D'après l'art. 24 de la même ordonnance, les trains devront être éclairés *extérieurement* pendant la nuit. Tout train doit porter au moins un feu blanc à l'avant et un feu rouge à l'arrière.

D'après le même article « les voitures fermées destinées aux voyageurs, devront être éclairées *intérieurement* pendant la nuit et au passage des souterrains qui seront désignés par le Ministre.

En temps de brouillards, on recommande d'allumer *pendant le jour* les signaux de nuit. Lorsque les brouillards interceptent la lumière et que dès lors ce signal devient inutile, il faut frapper l'oreille par un signal détonnant.

Un règlement ministériel du 15 mars 1856 porte : « Art. 1er. Les signaux détonnants ou pétards sont employés comme signal d'arrêt pour remplacer ou compléter les signaux à vue par le brouillard et pendant les très mauvais temps. »

N° 81.
Passages
à niveau.

— Qu'appelle-t-on passage à niveau ?

— L'endroit où les chemins de fer croisent de niveau les routes de terre, alors que la disposition des lieux s'oppose à ce qu'on traverse ces routes au moyen d'un pont ou d'un viaduc supérieur ou inférieur.

Les passages à niveau ont été dès l'origine de l'établissement des voies ferrées l'objet de la sollicitude de l'administration dans l'intérêt de la sûreté publique.

Ainsi, d'après l'article 13 du cahier des charges, « dans le cas où des routes impériales ou départementales, ou des chemins vicinaux, ruraux et particuliers, seraient traversés à leur niveau par le chemin de fer, les rails devront être posés, sans aucune saillie ni dépression, sur la surface de ces routes, et de telle sorte qu'il n'en résulte aucune gêne pour la circulation des voitures. »

« Chaque passage à niveau sera garni de

barrières, il y sera en outre établi une maison de garde, toutes les fois que l'utilité en sera reconnue par l'administration. »

L'article 4 de la loi du 15 juillet 1845 porte : « Partout où les chemins de fer croiseront de niveau les routes de terre, des barrières seront établies et tenues fermées conformément aux règlements. »

L'article 4 de l'ordonnance du 15 novemb. 1846 porte : « Le mode, la garde et les conditions du service des barrières, seront réglés par le ministre des travaux publics, sur la proposition de la compagnie. »

Enfin l'article 6 prescrit qu'après le coucher du soleil et jusqu'au passage du dernier train, les stations et les abords devront être éclairés; il en sera de même des passages à niveau pour lesquels l'administration jugera cette mesure nécessaire.

Ces mesures de précaution sont répétées dans les cahiers des charges des Compagnies.

Les chemins à niveau ont été divisés en 6 classes 1° passages à niveau correspondant aux routes impériales; 2° aux routes départementales; 3° aux chemins vicinaux de grande communication; 4° aux chemins communaux; 5° aux passages concédés à des particuliers; 6° aux passages pour piétons.

Les barrières des passages de 1ʳ classe sont gardées par un agent sédentaire, et doivent être tenues ouvertes pendant le jour et fermées seulement 5 minutes avant le passage des trains.

Ces barrières sont fermées et éclairées pendant la nuit.

Le garde doit faire le service à toute réquisition du public, et signaler les trains au moment de leur passage.

Les barrières des passages des autres classes sont en général fermées le jour et la nuit, seulement celles de la 2ᵉ classe sont gardées à vue pendant le jour et fermées à clef pendant la nuit; mais le gardien doit se lever pour ouvrir les barrières au public. Ces passages sont aussi éclairés pendant la nuit.

Le défaut d'ouverture d'un passage à niveau construit pour le service de la culture d'un fermier, ne constitue ni délit ni contravention, puisqu'il ne touche en rien à ce qui est d'ordre public et de sûreté générale.

Quel que soit le préjudice éprouvé par le fermier, il ne pourrait pas saisir la juridiction correctionnelle. (Trib. Blois, 11 déc. 1846.)

Un tel passage ne peut guère exister que par suite d'un échange au moment de la construction du chemin de fer, entre la compagnie concessionnaire et le propriétaire d'un terrain traversé. Dès lors l'inexécution des conditions ne peut donner lieu qu'à une action en dommages-intérêts.

— Pourquoi demande-t-on aux voyageurs l'exhibition de leurs billets avant l'arrivée à destination ?

N° 82.
Contrôle de
route.

— Pour empêcher les fraudes que pourraient commettre les voyageurs, soit en se plaçant dans un compartiment de 1re classe ou de 2e classe quand l urs billets ne sont que de 3e classe, soit en descendant à une station plus éloignée que celle indiquée par les mêmes billets.

Les contrôleurs de route et les chefs de train font le contrôle des billets tantôt dans une gare, tantôt dans une autre, en le commençant alternativement par la tête ou par la queue du train.

Pour l'exécution de ce service ils n'adoptent aucune marche régulière pour éviter, de la part des voyageurs, des combinaisons qui pourraient les mettre à l'abri du contrôle. Néanmoins, il est convenable de faire toujours autant que possible le contrôle à l'arrivée, aux points d'un embranchement, afin d'éviter que des voyageurs soient exposés à dépasser involontairement ces points, s'ils doivent y descendre. — A la suite d'une dépêche ministérielle du 22 octobre 1863, quelques compagnies ont donné des ordres pour que le contrôle de route ne se fasse plus pendant la marche des trains, dans les compartiments réservés *aux dames voyageant seules.* — Le contrôle s'effectue dorénavant pendant les arrêts des trains à l'intérieur des gares. C'est une garantie de sécurité de plus pour les dames voyageant seules.

N° 83.
Exhibition des billets.
Refus.

— Mais si un voyageur refusait d'exhiber ses billets ?

— Les voyageurs doivent présenter leurs billets à toute réquisition des agents de la compagnie (Tarif général.) lors même que le train ne serait composé que de voitures de 1re classe. (Trib. correctionnel de Compiègne, 24 juin 1857.)

En cas de refus, les voyageurs sont considérés comme étant sans billet, et ils encourent la peine édictée par l'article 21 de la loi du 15 juillet 1845, qui prononce, en ce cas, une amende de 16 à 3,000 fr.

Exiger dans le parcours la représentation du billet reçu à la gare de départ, c'est assurer l'exécution de la disposition de l'art. 63 de l'ordonnance du 15 nov. 1846. Celui qui

s'y refuse contrevient à cet article. (Compiègne, 24 juin 1857.)

— Si, en faisant le contrôle en route, on
reconnaît qu'un voyageur qui n'a demandé
qu'un billet de 3e classe, est placé dans un
autre compartiment, parce que, par erreur,
on lui a délivré un billet de classe supérieure,
qu'arriverait-il ?

N° 84.
Délivrance d'un
billet
de première
ou de
deuxième
classe,
au lieu d'un
billet
de troisième.
Usage de ce
billet.

— Si un voyageur demande un billet de
3e classe et que par erreur on lui en délivre
un de 1re ou de 2e et qu'il en fasse usage, il
commettrait un abus de confiance prévu et
puni par les articles 406 et 408, (C. P.) si
l'on adoptait la doctrine du tribunal correctionnel de Valenciennes, consignée dans un
jugement du 5 déc. 1851.

Quant à nous, nous ne poussons pas si loin
la rigueur. Ce fait est blâmable sans doute,
mais à nos yeux, il ne constitue pas de délit.
Ce n'est même pas une contravention à la loi
sur la police des chemins de fer, *puisque le
voyageur occupe la place indiquée par son billet.*
C'est un acte blâmable, puisque le voyageur
profite d'une erreur pour voyager un peu plus
à son aise, mais c'est tout.

N° 85.
Descente à une
station
plus éloignée
que
celle du
billet.

— Si le contrôleur s'aperçoit qu'un voyageur a déjà dépassé la station indiquée par
son billet, que fera-t-il ?

— Si le voyageur est de bonne foi et qu'il s'aperçoive trop tard qu'il a dépassé la station indiquée par son billet, il doit payer le supplément légal pour l'augmentation du parcours. Cependant dans la pratique, lorsque les compagnies sont convaincues de la bonne foi des voyageurs, elles n'exigent pas de supplément *et par le prochain convoi*, elles le reconduisent gratuitement à la station où il voulait se rendre. Elles empêchent ainsi le voyageur de sortir du chemin de fer et de profiter de ce qu'il veut appeler une erreur.

Ce mode d'opérer empêche la fraude, si elle était possible; mais si le voyageur est de mauvaise foi, si de propos délibéré, et sciemment, il veut descendre à une station plus éloignée, il commet une contravention à la loi l'exposant à une amende de 16 à 3,000 fr.

— Mais comment des voyageurs peuvent-ils sciemment prendre un billet pour une station déterminée et descendre à une station beaucoup plus éloignée ?

A leur arrivée leurs billets trahiraient leur ruse coupable.

— Voici comment ces adroits et habiles voyageurs opèrent : Quand ils veulent aller de Saint-Etienne (Loire) à Lyon (Rhône), par exemple, ils prennent des billets pour une station intermédiaire (Saint-Chamond), et arrivés à Oullins, dernière station avant Lyon, ils ont là un complice qui prend deux billets pour Lyon. Le complice monte dans le compartiment du fraudeur et lui remet un des billets pris à Oullins. De cette manière le voyageur parti de Saint-Etienne est en mesure. A son arrivée à Lyon, il remet ce dernier billet et il est censé venir d'Oullins seulement, tandis qu'en réalité il vient de Saint-Etienne. De cette façon il aurait voyagé *gratuitement* de Saint-Chamond à Oullins.

Mais c'est là une fraude coupable qui, dans certains cas, pourrait être considérée comme un délit d'escroquerie puni de peines correctionnelles.

Dans tous les cas, c'est une contravention formelle à la loi du 15 juillet 1845 (art. 21) et à l'ord. de 1846 (art. 10), qui punissent le fait d'occuper une place dans les chemins de fer, *sans être muni de billet.* (Bordeaux, 27 juin 1862. Dijon, 25 mars 1857.)

Le 13 novembre 1862, la Cour de Nîmes a vu là un délit d'escroquerie. Mais en admettant, et c'est notre avis, que ces faits ne constituent pas le plus souvent le délit d'escroquerie, les fraudeurs tentés d'imiter leurs devanciers, devront s'attendre à une condamnation sévère en ce qui concerne le chiffre de l'amende. Les magistrats ayant, en ce cas, la latitude de prononcer une amende qui varie de 16 fr. à 3,000 fr., ne manqueraient pas de se montrer sévères pour des faits qui se rapprochent tant du délit d'escroquerie, s'ils ne le constituent pas, et qui outragent si ouvertement les lois de la délicatesse et de la probité.

De plus : les tribunaux civils, à leur tour, ne marchanderaient pas les dommages-intérêts si justement réclamés en ce cas par les Compagnies. Bien mieux, les tribunaux, outre l'amende, pourraient encore ordonner *l'affiche du jugement*, à titre de réparation civile et comme supplément de dommages-intérêts. (Cassation 30 juillet 1858.) Ce serait là le complément de la peine bien méritée pour ces faits si odieux qui révoltent la conscience.

N° 86

Sonnerie électrique.

— Mais que signifie cette sonnerie qui produit ce tintement continu pendant l'arrêt de notre train à la station ?

— En cas d'arrêt d'un train ou d'obstacle sur la voie, les signaux d'arrêt doivent être faits à 800 mètres au moins de distance en avant et en arrière et au besoin jusqu'à 1,500 et 1,800 mètres, suivant la déclivité de la voie.

Dès que les trains arrivent dans les gares,

ils d. ivent être couverts par les disques, — signaux placés aux distances ci-dessus, et l'on ne doit ouvrir la voie et les aiguilles aux mécaniciens des trains arrivants que lorsqu'il n'y a aucun danger pour la circulation.

Mais lorsque la courbure de la voie ou toute autre circonstance ne permet pas d'apercevoir le disque-signal à partir du point à protéger, il est d'usage d'installer à la plus grande distance visible des disques répétiteurs subordonnés aux mouvements du disque principal placé à 800, 1,500 et 1,800 mètres en avant et en arrière du train en arrêt.

Ces disques répétiteurs ont pour objet de reproduire exactement les diverses disposi-ions du disque-signal et de donner le moyen de vérifier ainsi la manœuvre des disques-signaux non visibles.

Quelques Compagnies ont substitué à ces disques répétiteurs un système de sonnerie électrique dont le fil de transmission aboutit d'une part à la gare où le train est arrêté et d'autre part au disque-signal.

Par suite de la disposition adoptée la sonnerie ne peut carillonner que si le *disque-signal a fonctionné convenablement et est tourné à l'arrêt.* Alors la sonnerie produit un tintement continu. (Palaa, p. 155.)

Si la sonnerie ne se fait pas entendre après la manœuvre du disque, vite l'on envoie un agent pour s'assurer si le disque a obéi au mouvement qu'on voulait lui imprimer.

Cela est fort ingénieux, ma foi !

Feu blanc.
Feu rouge.

— Mais que signifie cette lanterne placée au sommet du mât qui soutient le disque et qui change la couleur de son feu ?

— Quand la voie est libre, on l'indique, la nuit, par un feu *blanc* et quand elle est fermée, par un feu *rouge*. De cette façon le mécanicien est à même de s'assurer s'il doit poursuivre sa marche ou s'il doit arrêter le train.

N° 87.
Lettres
à expédier
pendant
le voyage.

Tout-à-l'heure j'entendais un voyageur qui voulait expédier une lettre, comment a-t-il fait ?

— Il existe dans les gares importantes une boîte mobile qui est levée au passage du train, le public peut y déposer la correspondance 5 minutes avant.

De plus : il y a une boîte aux lettres à la portière du bureau ambulant ; cette boîte est destinée aux employés du chemin de fer ainsi qu'aux voyageurs qui sont dans le train.

L'accès des bureaux ambulants placés dans un compartiment réservé aux courriers de l'administration des postes est interdit aux voyageurs et à tous autres.

Les agents des bureaux ambulants sont tenus de *recevoir à la main*, dans toutes les stations desservies par les trains contenant des véhicules de cette nature, toutes les lettres ordinaires qui pourront leur être présentées non-seulement *par les voyageurs* et par les employés des Compagnies, mais encore par toute personne qui aura été admise, à un titre quelconque, dans l'intérieur des gares.

Ainsi, durant le trajet les voyageurs ont toute facilité pour faire parvenir leur correspondance.

Le Gouvernement, en faisant la concession des voies ferrées, a eu le soin de réserver cette faculté au public.

L'art. 56 du cahier des charges porte :

« A chacun des trains de voyageurs et de marchandises circulant aux heures ordinaires de l'exploitation, la Compagnie sera tenue de réserver gratuitement deux compartiments spéciaux d'une voiture de 2e classe ou un espace équivalent pour recevoir les lettres, les dépêches et les agents nécessaires au service des postes, le surplus de la voiture restant à la disposition de la Compagnie. »

— Si, durant le voyage, je veux faire parvenir une dépêche télégraphique, quelle mesure prendre ?

— Sur tous les chemins de fer, les stations où sont établis des dépôts de machines peuvent correspondre entre elles au moyen du télégraphe électrique.— Un arrêté du Ministre de l'intérieur, du 2 février 1857, a autorisé les Compagnies à transmettre au profit de l'Etat, *les dépêches privées* dans les stations désignées (art. 1er).

Le service des dépêches privées est subordonné à celui des Compagnies ; mais il sera fait aussitôt que possible, et toujours dans l'ordre du dépôt des dépêches. (Art. 2.)

L'usage du télégraphe est *gratuit* quand il s'agit *de réclamation de bagages et de marchandises égarés, mais seulement de ceux enregistrés:* les voyageurs doivent payer la taxe des dépêches relatives aux colis *non enregistrés*, oubliés par eux dans les voitures ou les gares. (Inst. spéc.)

N° 88.
Dégradations
des lignes
télégraphiques

— Si l'on dégradait involontairement ou méchamment les lignes télégraphiques, quelle peine serait encourue par l'auteur de ces dégradations ?

— Un décret du 27 décembre 1851 sur la police des lignes télégraphiques, entr'autres dispositions, contient les suivantes :

ART. 2. « Quiconque aura par imprudence, ou involontairement commis un fait matériel pouvant compromettre le service de la télégraphie électrique ; quiconque aura dégradé ou détérioré de quelque manière que ce soit, les appareils des lignes de télégraphie électrique, sera puni d'une amende de 16 à 300 fr.

La contravention sera poursuivie et jugée, comme en matière de grande voirie.

ART. 3. « Quiconque, par la rupture des fils, par la dégradation des appareils ou par tout autre moyen, aura *volontairement* causé l'interruption de la correspondance télégraphique électrique, sera puni *d'un emprisonnement de 3 mois à 2 ans*, et d'une amende de 100 à 1,000 fr. »

La loi est sévère, mais j'en comprends les motifs ; une interruption pourrait amener de graves désordres.

— Tout-à-l'heure un voyageur se fâchait, je ne sais trop pourquoi, avec un employé de la Compagnie et je l'entendais dire : « En arrivant je déposerai ma plainte. » Où et à qui s'adressera-t-il pour cela ?

— Quand le public a lieu de se plaindre des agissements des agents de la Compagnie, il dépose sa plainte sur un registre spécial.

Dans chaque station un registre officiel qui *doit être représenté à chaque réquisition*, est destiné à recevoir les plaintes des voyageurs.

No 99.
Plaintes
des voyageurs
contre
les Compagnies.

Registre spécial

L'art. 76 de l'ord. du 15 nov. 1816, porte :
« Il sera tenu dans chaque station un registre coté et paraphé, à Paris, par le préfet de police, ailleurs par le maire du lieu, lequel sera destiné à recevoir *les réclamations des voyageurs* qui auraient des plaintes à former soit contre la Compagnie, soit contre ses agents. Ce registre sera présenté à la *réqui-sition des voyageurs.* »

Le 16 juillet 1853, le Ministre des travaux publics adressa aux administrateurs des Compagnies la circulaire qui suit : « Des plaintes nombreuses me sont parvenues sur le mauvais vouloir que mettent les agents de quelques Compagnies, à indiquer aux voyageurs, dans les gares de chemin de fer, le bureau du conseil de surveillance administrative, et il est arrivé souvent que ces voyageurs, ne pouvant trouver par eux-mêmes ce bureau, m'ont adressé directement les réclamations qu'ils voulaient inscrire sur le registre destiné à les recevoir.

Je ne saurais trop insister auprès de vous pour que vous donniez les ordres les plus formels, afin que de pareils faits ne se renouvellent pas à l'avenir. Mais en attendant et pour en prévenir autant que possible le retour, je vous invite à faire inscrire sur l'entrée du bureau du commissaire, en *lettres apparentes,* les mots : *Bureau du commissaire de surveil-lance.* »

Cette invitation a été exécutée.

— Où irons-nous dîner ?

— Au buffet. Une circulaire du 15 avril 1850 a chargé les préfets d'autoriser les mesures relatives aux vendeurs de journaux, aux marchands de comestibles et à l'établissement des buffets dans les stations, et ce, par application de l'art. 70 de l'ord. du 15 nov. 1846.

Le local affecté au buffet d'une station fait partie intégrante du chemin de fer, et par suite du domaine public.

Dans les buffets, on doit au moyen d'affiches ostensiblement placées, faire connaître aux voyageurs les prix des objets de consommation. Ces prix varient suivant les localités.

— Mais en traversant la dernière station, j'ai lu sur l'entrée d'une porte : *Buvette.*

— C'est vrai. Le prix des consommations y est moins élevé qu'aux buffets. Il est ordinairement d'un tiers en moins.

— Mais si le buffetier profitait de sa situation pour exagérer les prix, que ferions-nous ?

— Les prix sont connus ; il ne peut percevoir davantage, et s'il se permettait des écarts aux tarifs, l'autorisation préfectorale pourrait

§ 90.
Buffet.
buvette.

lui être retirée, de même que si le service du buffet donnait lieu à des plaintes nombreuses.

N° 91.
Voies de fait,
Injures
envers les
agents
des Compagnies.

— J'ai entendu tout-à-l'heure un voyageur assez peu poli pour adresser à un agent de la compagnie des paroles grossières. Les lois de la politesse sont-elles seules à réprouver cette conduite inqualifiable ?

— Non. Les lois pénales sont aussi applicables en pareil cas. — Aux termes de l'article 64 du cahier des charges les agents et gardes chargés de la perception des droits, de la surveillance et de la police du chemin de fer, et de ses dépendances, peuvent être assermentés, et sont dans ce cas assimilés aux gardes-champêtres.

L'art. 23 de la loi du 15 juillet 1845, porte : « Au moyen du serment prêté devant le tribunal de première instance de leur domicile, les agents de surveillance de l'administration et des concessionnaires ou fermiers, peuvent verbaliser sur toute la ligne du chemin de fer auquel ils sont attachés. »

L'article 25 de cette loi est ainsi conçu : « Toute attaque, toute résistance avec violence et voies de fait envers les agents des chemins de fer, dans l'exercice de leurs fonctions, sera punie des peines appliquées à la rébellion, suivant les distinctions faites par le code pénal.

L'article 463 du code pénal est applicable aux condamnations qui seront prononcées en exécution de la présente loi (Art. 26 ibid.)

Quant aux injures, si elles s'adressent à des agents assermentés, elles tombent sous l'application des peines édictées par l'art. 224 du code pénal, ainsi conçu : « L'outrage fait par paroles, gestes ou menaces à tout officier ministériel ou agent dépositaire de la force publique, et à tout citoyen chargé d'un ministère de service public dans l'exercice ou à l'occasion de l'exercice de ses fonctions, sera puni d'un emprisonnement de 6 jours à un mois, et d'une amende de 16 fr. à 200 fr., ou de l'une de ces deux peines seulement. »

Si elles sont adressées à des agents non assermentés, l'agent peut seulement, ainsi que tout particulier injustement molesté, réclamer l'aide et la protection des agents du service administratif de surveillance. (Déc. spéc. du 22 juin 1855).

Mais comme les agents n'ont aucun signe spécial d'assermentation, les voyageurs agiront sagement et convenablement en s'abstenant de proférer des injures toujours regrettables même aux agents non assermentés, puisqu'en ce cas encore, leur conduite peut constituer une contravention du ressort des tribunaux de simple police, et souvent un délit de diffamation du ressort des tribunaux correctionnels, suivant la gravité des faits.

Il vaut donc mieux, dans tous les cas, et quel que soit le droit du voyageur, se montrer poli et bien élevé, puisque le registre des plaintes est là pour recevoir les griefs des voyageurs.

CHAPITRE VI.

Sommaire.

— C'est cela. — Mais mon instruction est presque faite. Nous arrivons, il me reste à savoir ce qu'il y aura à faire à la gare d'arrivée. Voilà un coup de sifflet qui annonce l'approche de la station où nous allons descendre.

N° 90. Arrivée.

— C'est vrai. Prépare nos billets et nos pa-

quets. Nous voilà arrivés ; ne te hâte pas trop.
Il ne faut pas descendre avant que le train ne
soit complétement arrêté. Autrement tu viole-
rais l'art. 63 de la loi de 1846 et tu commettrais une contravention qui te rendrait passible d'amende. (Art. 63 de l'ord. du 15 nov.
1846. — Metz 27 janvier 1864. — Cass. 31
mars 1864)

— J'attends que le train soit arrêté.

— Prépare nos billets de voyageur pour les
remettre à l'agent de la Compagnie, placé à
la porte d'entrée de la gare ou tu ne pourrais
pénétrer sans remettre ton billet, mais *garde
ton bulletin de bagages* si tu veux les retirer.

N° 93.
**Voyageurs
sans billet.**

— Si j'avais *perdu* mon billet de voyageur,
qu'arriverait-il ?

— Tout voyageur qui ne peut présenter son
billet à l'arrivée, doit solder avant de sortir
de la station, le prix de la place qu'il a occupée. Le prix à payer est celui de la classe du
compartiment dans lequel le voyageur était
placé et du plus *long parcours du train* depuis
la dernière station où un contrôle général a
été opéré, à moins que par son bulletin de
bagages ou par tout autre moyen, le voyageur
ne puisse *justifier de son point de départ* ; auquel cas il ne paie qu'à partir de ce point.
(Tarif général.)

— Mais si un voyageur n'avait ni billet, *ni argent* que ferait la Compagnie ?

— Le voyageur, en ce cas, s'expose, s'il ne peut justifier de son identité, à être remis comme vagabond, entre les mains de l'autorité judiciaire.

Une circulaire ministérielle du 3 juillet 1854 porte :

« Il n'y a pas impunité pour les personnes qui ont voyagé sans billet, puisque l'art. 21 de la loi du 15 juillet 1845 punit d'une amende de 16 à 3,000 fr. toute contravention aux règlements d'administration publique sur la police, la sûreté et l'exploitation des chemins de fer ; et par suite, le voyageur trouvé *sans billet*, ou porteur d'un billet délivré pour un *trajet plus court* que celui qu'il a fait, en contravention à l'art. 63 du règlement, se trouve passible de l'amende ci-dessus rappelée.

A la vérité, ce fait n'étant pas puni d'un emprisonnement, le contrevenant ne saurait être mis *en état d'arrestation préventive*, mais on lui demandera de justifier de son identité.

S'il le fait, la Compagnie se trouvera en mesure, soit de lui réclamer le prix de sa place, soit de faire diriger des poursuites contre lui.

S'il ne peut établir son identité, l'autorité

administrative aura le droit de le détenir administrativement comme vagabond ; (Loi du 13 vend. an IV.) et lorsqu'il aura été ainsi contraint de se faire connaître, il pourra être condamné à l'amende édictée par l'art. 21 de la loi du 15 juillet 1845.

Ainsi, dans les différentes hypothèses qui peuvent se présenter, les droits des Compagnies seront toujours sauvegardés. »

Et d'après une circulaire ministérielle du 10 mars 1857 « dans les gares où réside un commissaire spécial, les personnes arrêtées par ordre des commissaires de surveillance, seront conduites devant le commissaire spécial, au lieu d'être remises entre les mains du commissaire de police de la localité de l'arrondissement. »

N° 95.

Retenue des effets du voyageur.

— Les Compagnies ne pourraient-elles pas retenir les effets des voyageurs pour répondre du prix des places ?

— Non ; elles ne peuvent se faire justice elles-mêmes. (Tr. Seine 27 février 1856.)

N° 96.

Retrait des bagages.

— C'est bien. Nous voilà à la gare, voici nos bagages, que faire pour les retirer ?

— Tu sais qu'au départ chaque voyageur paie 10 cent. pour l'enregistrement de ses bagages, et que cet enregistrement est constaté par un bulletin. — A l'arrivée, l'exhibi-

tion de ce bulletin est indispensable pour retirer les bagages qui sont remis au porteur de
de ce billet.

— Mais il me semble qu'on nous fait bien
attendre la remise de nos bagages ?

— Ecoute : Le 23 février 1857, le Ministre
a adressé aux administrateurs des Compagnies, la circulaire suivante, à ce sujet :

« Sur diverses lignes de chemins de fer on
est dans l'usage, aux gares de passage où les
trains doivent séjourner un certain temps, de
ne commencer la distribution des bagages aux
voyageurs qui quittent le train, qu'après que
toutes les manœuvres auxquelles peuvent
donner lieu les convois en stationnement ont
été effectuées, et que les convois ont continué
leur marche

Dans la plupart des cas, ces retards ont pour
cause l'insuffisance des équipes chargées du
service de la grande vitesse, et cet état de
choses a provoqué de la part du public, de
justes plaintes auxquelles il importe de mettre
un terme.

Je vous invite, en conséquence, à prendre
des mesures pour que dans toutes les gares où
les trains des voyageurs *s'arrêtent plus de 5 mi-*
nutes, le personnel soit organisé de manière à
ce que la distribution des bagages ait lieu

aussitôt après leur déchargement et sans attendre le départ du train. »

N° 97.
Dépôt des bagages s les gares.

En effet, voici nos bagages, on les distribue immédiatement.

— Mais qu'allons-nous en faire, ne pourrions-nous pas les laisser en gare ?

— Si. — On peut, soit avant le départ, soit après l'arrivée des trains, laisser les bagages *en dépôt* dans les gares sous la responsabilité de la Compagnie — Il est perçu pour la garde et le dépôt de ces bagages un droit de 5 cent. *par article et par jour.*

Le minimum de la perception est fixé à 1 cent.

— Ainsi nous paierons 5 cent. par chaque malle ?

— Oui.

— Oh ! ce n'est pas la peine d'en parler — Laissons là nos malles et partons.

Mais comment établir le dépôt ?

N° 98.
Preuves du dépôt.

— *Avant le départ,* le dépôt se constate par la délivrance d'un bulletin ; après l'arrivée, par la délivrance d'un autre bulletin, ou par la *conservation* entre les mains du voyageur du bulletin remis au départ. — Les bagages ne sont rendus qu'en échange du bulletin.

N° 99.
Gares de bifurcation.

— Lorsqu'on s'arrête forcément aux gares de bifurcation pour attendre le départ du train qui doit nous conduire à destination, est-on forcé de payer alors un droit de dépôt et de garde des bagages ?

— Non. — Les bagages des voyageurs sont alors affranchis de tout droit de garde et de dépôt. (Arr. minist. 14 juillet 1860.)

— Qu'entend-on par gare de bifurcation ?

— On appelle bifurcation l'intersection d'une ligne principale avec un embranchement. C'est le point de rencontre des deux lignes.

La gare placée en cet endroit se nomme gare de bifurcation.

N° 100.
Perte
du bulletin de
bagages.

— C'est entendu. Une autre question. Si je perdais mon bulletin de bagages, comment pourrais-je prouver le dépôt?

— En ce cas, comme tu as fait inscrire tes bagages *au départ*, tu pourrais exciper de cette inscription pour réclamer tes colis Si, par négligence, la Compagnie n'avait pas fait cette inscription, tu pourrais prouver par *témoins* que tu as bien effectivement remis des bagages. — Mais si tu as oublié de les faire enregistrer, la perte des bagages resterait à ta charge, comme je te l'ai dit au commencement de cette instruction.

— Si, à son arrivée, le voyageur ne reçoit pas sa malle ou le colis qu'il a fait enregis-

N° 101.
Perte des
bagages.

trer comme bagages pour partir par le même train que lui, la perte des objets contenus dans cette malle ou ces colis, les entraves et retards que les affaires du voyageur ont pu en éprouver, lui causent un préjudice dont la Compagnie lui doit entière et complète réparation. Les dommages-intérêts doivent être égaux au préjudice causé. (Art. 1149 et 1784 C. N.) (Trib. comm. Angers, 30 mars 1857.)

— J'entends là-bas un voyageur de commerce qui réclame une caisse *d'échantillons*. On lui dit qu'elle a suivi une fausse direction, qu'on la retrouvera plus tard et qu'on la lui remettra. Mais il insiste en disant que ses affaires vont en souffrir. Lui est-il dû une indemnité en cas de *retard ?*

— Oui. Et la maison de commerce qu'il représente a droit aussi à une indemnité pour la perte des bénéfices résultant du placement probable des marchandises et pour la dépréciation de celles restant invendues, et encore pour la diminution de la clientèle. (Trib. comm. Langres, 4 avril 1859. — Dijon, 6 juillet 1859.)

— Mais la Compagnie ne pourrait-elle pas soutenir que ne connaissant pas le contenu de la caisse, elle n'a pu prévoir le dommage qui résulterait de sa perte?

— Non. Car la caisse *d'échantillons* porte par elle-même la manifestation de sa destination et de son objet, et de la prévision du dommage que sa perte ou sa détérioration ou le retard de sa remise pourraient occasionner au voyageur qui s'en trouverait privé.

Peu importe que la caisse eût été ou non mise à découvert ou déclarée à l'instant où la Compagnie s'en est chargée, si par suite du mode réglé pour l'enregistrement des bagages, et que le voyageur ne peut pas ne point accepter, il a dû la livrer au chemin de fer sans déclaration spéciale.

Il y a dans cet ensemble de faits et de circonstances obligées l'équivalent d'une convention tacite de s'en rapporter pour le règlement des dommages éventuels, *au contenu, quel qu'il soit*, des caisses et ballots reçus purement et simplement par la Compagnie, tout comme s'il en avait été fait une déclaration spéciale, pourvu qu'il ne s'agisse pas toutefois d'articles exceptionnels, tels que matières d'or et d'argent et autres soumis à un tarif spécial et exigeant aussi une déclaration toute spéciale. (Dijon, 6 juillet 1859.)

Le 9 avril 1861, la Cour de Bordeaux a

également jugé qu'au cas où une *caisse d'échan-tillons* confiée à un chemin de fer par un commis-voyageur, comme bagages l'accompagnant, vient à s'égarer pendant le trajet et n'est retrouvée qu'après un certain temps, la Compagnie est passible de dommages-intérêts à raison du préjudice que la privation de cette caisse a fait éprouver au voyageur, encore bien qu'il n'ait déclaré *ni sa qualité ni le contenu de sa caisse.*

Le 11 décembre 1860, le Tribunal de Bordeaux l'avait déjà ainsi jugé dans les termes suivants :

« Attendu que si, aux termes de l'art. 1150 C. N., le débiteur n'est tenu que des dommages-intérêts qui ont été prévus ou qu'on a pu prévoir lors du contrat, il n'en est pas moins vrai qu'une Compagnie de chemin de fer qui monopolise l'entreprise des transports, doit apporter la plus grande, la plus scrupuleuse attention dans la conservation et la remise des objets qui lui sont confiés ; que de plus lorsqu'elle reçoit les bagages *d'un voyageur de commerce*, elle doit se rendre compte de l'importance qu'ils ont pour ce voyageur ; que ces bagages peuvent en effet contenir les objets utiles et quelquefois indispensables à l'opération pour laquelle le voyageur est en route ;

« Que dans l'espèce, il ne peut être douteux que la caisse conflée à la Compagnie par X... et qui est égarée, contenait les échantillons des marchandises pour lesquelles le voyageur venait à Bordeaux dans le but d'en opérer la vente, et.que cette opération, en raison de l'époque à laquelle se placent les dites marchandises, se trouve aujourd'hui manquée ; qu'ainsi les bagages de X... avaient une importance relative et que la privation de la caisse susdite lui a occasionné un dommage dont il ne peut être suffisamment indemnisé par le paiement de la *valeur intrinsèque* des objets contenus dans la caisse ;

« Attendu que le Tribunal a été appelé plusieurs fois à prononcer dans des affaires identiques et qu'il n'a pas cru devoir s'en tenir strictement à la lettre de l'art. 1150 précité, qu'il s'agit donc dans la cause d'apprécier l'importance du préjudice éprouvé par X..., par la privation de la caisse dont il s'agit, et qu'à raison de la spécialité du moment, le Tribunal croit faire une équitable et commerciale appréciation en évaluant le préjudice à 500 fr. ;

« Quant à la caisse elle-même :

« Attendu que X... lui donne une valeur d'environ 200 fr., ce qui ne paraît point exagéré ; que de son côté, la Compagnie offre de la rendre d'ici à un mois à l'adresse qui lui sera indiquée ou bien d'en payer la valeur ;

« Par ces motifs, le Tribunal condamne la Compagnie à payer à X..., avec intérêts légimes, la somme de 500 fr. à *titre de dommages-intérêts* pour la réparation du préjudice qu'elle lui a occasionné par le défaut de remise de la *caisse d'échantillons*, objet du procès ; la condamne à remettre la caisse en bon état et *franco* de tous frais et droits quelconques, à Paris, à l'adresse de la maison représentée par le demandeur, et ce, dans le délai d'un mois à partir d'aujourd'hui, et faute par la Compagnie de le faire dans ledit délai, icelui passé, la condamne dès à présent à payer à X... la somme de 200 fr. pour lui tenir lieu de la valeur de ladite caisse, condamne, en outre, la Compagnie aux dépens. »

Appel de la Compagnie qui, devant la Cour, a offert la caisse qu'on avait retrouvée, mais qui a persisté à soutenir qu'elle ne pouvait être tenue de réparer un préjudice tout-à-fait imprévu, qu'elle ne pouvait même aucunement prévoir, puisque le commis-voyageur n'avait fait connaître ni sa qualité ni le contenu de la caisse d'échantillons.

Pour X... on répondait qu'il importait peu que la Compagnie ignorât le contenu de la caisse puisqu'elle suivait son propriétaire et payait le prix du transport comme bagage ; qu'en ce cas nulle déclaration n'était exigée, si ce n'est pour certaines valeurs précieuses ; qu'au surplus la caisse, *par ses apparences*, indiquait assez sa nature et sa destination.

La Cour a rendu l'arrêt suivant :

« Attendu que le fait qui a donné lieu à la réclamation de X... est un fait des plus ordinaires, et que la Compagnie a dû prévoir que si tout ou partie des bagages qu'il lui confiait, s'égarait en route ainsi qu'il est arrivé, elle serait passible de dommages-intérêts, eu égard au préjudice causé ;

« Que ceux qui ont été accordés à X... par le Tribunal, sont *très-modérés*. Par ces motifs, la Cour confirme. »

Le 6 juin 1859, la Cour de Dijon reconnaissant que sa collection d'échantillons est indispensable à un voyageur pour qu'il puisse faire ses placements, et que la maison de commerce qu'il représente étant, par ce retard, privée elle-même de bénéfices, en subissant une dépréciation de marchandises, a alloué

1,500 fr. *à titre d'indemnité*, à la *maison re*présentée par le voyageur, indépendamment des dommages-intérêts accordés au commis-voyageur lui-même.

— Mais j'ai vu sur les bulletins que la Compagnie délivre aux voyageurs, qu'en cas de perte d'effets, il ne serait pas alloué plus de 150 fr pour une malle, à moins que la valeur n'en ait été constatée au départ. Cette mesure est-elle obligatoire pour les voyageurs?

— Non. Cette mesure ne peut être considérée comme une convention conforme à l'art. 1152 C. N., puisque le plus souvent elle n'est connue du voyageur que lorsque ses bagages sont déjà entre les mains de la Compagnie, et chargés sur le wagon qui doit les transporter. Dès lors la Compagnie ne peut invoquer une convention faite par *elle seule* pour limiter sa responsabilité. Cette clause ne peut lier les tiers qui ont pu l'ignorer, et qui d'ailleurs n'ont pas été appelés à y donner une adhésion libre et raisonnée, forcés qu'ils sont de subir les exigences de la Compagnie.

Bien mieux, le voyageur pourrait fort bien ne pas savoir lire! Et lors même qu'en France l'instruction primaire se soit considérablement développée, il n'en est pas moins vrai qu'il y a encore une infinité de voyageurs privés de ce bienfait.

Dès lors comment les Compagnies pourraient-elles leur opposer un imprimé qu'ils n'ont pu déchiffrer? Il est souhaitable qu'en présence de l'autorité de la jurisprudence, les Compagnies fassent disparaître de leurs bulletins imprimés cette mention désormais ridicule.

Mais si la Compagnie est responsable au-delà du chiffre fixé par ses bulletins, la raison ne permet pas de la rendre indéfiniment responsable de la valeur des effets, bijoux et espèces qu'un voyageur aurait accumulés contre toutes les règles de la prudence la plus vulgaire, dans une malle ou un sac de nuit.

Elle doit répondre seulement de la valeur de ce que le voyageur a pu y placer raisonnablement, eu égard à *son état*, à *sa fortune*, et aux *circonstances de son voyage*. (Trib. Seine, 20 février 1856. — Angers, 28 janv. — Cass., 16 mars 1859.)

La Compagnie serait responsable de la valeur totale des choses perdues si le voyageur en avait fait la déclaration au départ. Les Compagnies, en ce cas, ne peuvent invoquer, pour restreindre leur responsabilité à 150 fr., l'art. 62 de la loi du 24 juillet 1793 qui a été faite uniquement pour l'Etat, alors qu'il avait le monopole des messageries.

Et si le voyageur affirmait qu'avec des objets de toilette à son usage, il a renfermé *des billets de banque*, par exemple, la Compagnie est en droit de lui reprocher l'imprudence qu'il a commise en ne les déclarant pas, ou en ne les gardant pas avec lui. (T. Seine, 17 mars 1858.)

N° 104.
Preuve
de la valeur
des
objets perdus.

— Mais bien que la Compagnie soit garante des objets perdus, comment pourrais-je établir la valeur des objets que je réclame ?

— Si au moment de l'expédition, tu as déclaré la valeur des colis que tu remettais, et si tu as fait mentionner cette valeur sur les registres conformément au droit que t'en donne l'art. 96 du Code de commerce, la valeur des objets perdus est établie par ta déclaration mentionnée et inscrite sur les livres de la Compagnie. Alors elle est responsable de la valeur déclarée, et si elle se refuse à encourir toute cette responsabilité, c'est à elle à prouver que ta déclaration était fausse et que les objets perdus étaient d'une moindre valeur.

Si, au contraire, tu n'as pas pris ces précautions au départ, c'est à toi qu'incombe la charge de prouver la valeur que tu donnes aux objets qui te manquent.

— Mais comment ferai-je cette preuve? Si je réclame plus de 150 fr., comment pourrais-je établir ma réclamation s'il n'existe pas un acte écrit prouvant contre la Compagnie qu'elle a accepté la responsabilité des objets que je lui ai confiés !

La Compagnie ne peut-elle pas dire qu'elle n'est que dépositaire, et qu'aux termes de l'art. 1923 (C. N.) le dépôt doit être prouvé *par écrit* quand sa valeur excède 150 fr. ?

— La Compagnie ne pourrait réussir par de semblables moyens. Sa responsabilité est réglée, non par les principes du contrat de dépôt, mais par les dispositions du C. Nap. e du Code de commerce sur les commissionnaires et les voituriers. Dès lors cette responsabilité s'étend à la valeur entière des objets perdus ; mais comme tu n'as pas déclaré cette valeur au moment du chargement, ce défau de déclaration t'impose l'obligation de prouver la valeur des objets perdus ; cette preuve peut s'établir par toute sorte de documents et notamment *par témoins* ; elle constitue une appréciation de faits qui rentre dans les attributions souveraines du juge du fait. (Cass. 18 juin 1833. Cass. 1er sept. 1848, 11 oct. 1848.)

Ainsi les tribunaux, dans ce dernier cas, ont un pouvoir souverain d'appréciation, ils peuvent puiser leur conviction dans tous les documents de la cause et y rechercher les éléments pouvant, par leur ensemble, les décider à assigner une valeur à l'objet perdu.

— Mais en l'absence de documents pouvant servir à prouver la valeur des objets égarés, que fera le juge ?

— L'art. 1369 du C. Nap. l'autorise à recourir au *serment* prêté par le demandeur, lorsqu'il n'aura aucun élément certain de décision et qu'il se trouvera placé entre l'affirmation de l'un et les dénégations de l'autre. Mais le serment ne sera déféré que dans le cas où l'importance n'en peut être établie que par l'affirmation de la partie elle-même, et alors qu'il n'y a pas d'autre mode de preuve possible.

Et lors même que le juge a déféré le serment, il est libre encore de ne pas accepter l'estimation faite par celui qui l'a prêté. Le juge a toujours le droit d'apprécier si la demande porte les caractères de la sincérité ; si elle paraissait entachée de mauvaise foi, il y aurait lieu d'estimer le dommage sans tenir compte de la prétention du demandeur.

No 105.
Objets retrouvés après paiement de l'indemnité.

— Si après avoir obtenu une indemnité pour mes effets égarés, les objets perdus venaient à être retrouvés ? En ce cas, la Compagnie peut-elle forcer le propriétaire à les reprendre et à restituer l'indemnité qu'il a reçue ?

— Non. La Compagnie ne peut alors procéder que par les voies amiables. Si le propriétaire refuse de reprendre les objets égarés momentanément, elle n'a que le droit de les vendre à son profit, et si la somme provenant de la vente ne couvre pas l'indemnité payée, la Compagnie n'a pas de recours à exercer contre celui qui a perçu l'indemnité.

En effet, le voyageur qui a besoin de ses bagages ne peut attendre pour les remplacer un temps plus ou moins prolongé, et bien qu'il ne veuille pas faire une spéculation, l'on comprend très bien qu'il exige immédiatement une indemnité pour remplacer au plus tôt ses bagages égarés.

Si plus tard ces bagages sont retrouvés, la Compagnie peut, avant de les vendre, en proposer l'achat au propriétaire, et celui-ci peut en donner un certain prix s'ils ont encore pour lui cette valeur. Mais tout cela n'est qu'un accord amiable et rien n'oblige le voyageur à les reprendre.

— Une autre question. Si par inadvertance la Compagnie avait perçu un prix plus élevé

N° 106.
Droits perçus par erreur.

que celui fixé par le tarif, pourrais-je réclamer ce que j'aurais payé en trop ?

— Evidemment. Les erreurs commises dans l'application des tarifs sont réparables, et l'on ne peut refuser d'ordonner la restitution des *surtaxes*, de même qu'on ne peut refuser de payer les sommes que la Compagnie aurait dû percevoir au départ, si elle a perçu un *prix inférieur* au tarif. L'art. 44 de l'ord. du 15 nov. 1846 ne permet aucun changement aux prix fixés par les tarifs.

Il n'en est pas des Compagnies de chemins de fer comme des voituriers ordinaires contre lesquels les prix de transport librement débattus font foi entre les parties. Les conditions du transport sont réglées par un tarif approuvé par le Gouvernement. Ce tarif auquel est donnée la plus grande publicité *fait la loi de tous*, et la Compagnie ne peut y déroger. Si le prix perçu au départ est inférieur ou supérieur à celui du tarif, cette erreur dans la perception doit être réparée, puisque personne n'est censé ignorer les conditions réglementaires du transport. (Cassation 4 fév. 1863, 28 juin 1851, 17 août 1864, 27 mars 1866.)

No 107.
Omnibus,
fiacres.
Responsabilité
de
l'entreprise

— Puisque nous allons séjourner ici plusieurs jours, nous aurons besoin de nos bagages, il faut les faire conduire avec nous?

— Oui, nous allons les faire transporter par l'omnibus qui est dans la cour de la gare, et qui nous conduira à l'hôtel où nous allons descendre.

— Mais si, en route, nos malles s'égaraient, l'entrepreneur de l'omnibus en serait-il responsable?

— Oui. Les entreprises de *fiacre* et *d'omnibus*, bien qu'elles n'ont pas de bureau d'enregistrement des bagages, sont responsables des colis remis à leurs cochers, puisqu'ils sont préposés à la réception et à la garde des effets et bagages des voyageurs.

C'est ce qu'a jugé la Cour de Paris, le 21 novembre 1857.

Voici à propos de quoi :

Un voyageur arrivant à Paris par le chemin de fer d'Orléans, avait pris dans la cour de la gare un des omnibus du chemin de fer. Sa malle avait été placée sur l'impériale de l'omnibus; elle avait été remise en route par erreur à un voyageur qui était déjà descendu. La malle renfermait 5,600 fr. en or.

Le Tribunal de la Seine croyant voir une certaine imprudence de la part du voyageur qui avait placé dans sa malle une si forte somme, avait condamné l'entrepreneur d'omnibus à payer 4,500 fr. seulement.

Mais sur l'appel, la Cour, reconnaissant que la responsabilité de l'entreprise était entièrement engagée, puisque le voyageur avait averti le cocher que sa malle renfermait de l'or, ce qui n'était pas dénié, l'a condamné à rembourser les 5,600 fr. (Gaz. des trib. du 25 nov. 1857.)

Il en serait de même si nous prenions un *fiacre* pour nous conduire à l'hôtel. Les entrepreneurs de ces voitures sont responsables de la perte des bagages, puisque la remise qui leur est faite des colis des voyageurs qu'ils transportent, constitue un *dépôt nécessaire.* Puisqu'ils n'ont pas de bureau d'enregistrement des bagages, leurs cochers sont chargés de la réception et de la garde des effets des voyageurs, et en cas de perte la responsabilité frappe directement l'entrepreneur des voitures de place. (Cass. 1er mai 1855. — Rouen, 27 fév. 1856.)

— C'est bien. Tout cela me rassure entièrement.

N° 108.
Service de correspondance. Responsabilité de l'entreprise.

Si, pour arriver à notre destination, nous étions obligés de prendre un omnibus servant de correspondance avec les chemins de fer, et qu'un accident ou une perte de nos colis survînt pendant le trajet, la Compagnie du chemin de fer serait-elle responsable ?

— Il faut distinguer. Ou le service de la correspondance appartient à la Compagnie, ou il est la propriété d'une entreprise particulière.

Dans le premier cas, la Compagnie est responsable, elle ne l'est pas dans le second.

Voici ce qui se passe ordinairement. Lorsqu'il n'existe pas d'entreprises particulières de voitures publiques ou lorsqu'elles sont insuffisantes pour desservir les gares, les Compagnies passent des traités avec des entrepreneurs spéciaux, pour assurer le transport des voyageurs de la gare à la ville et réciproquement.

Les clauses ordinaires de ces traités concernent en général le service par les omnibus de la gare à la ville, le nombre des places, l'uniforme des cochers, les tarifs, l'établissement d'un bureau de ville, l'observation des règlements sur la police des cours, la peine pour inexactitude dans le service, la responsabilité de l'entrepreneur, le droit d'exiger le renvoi des agents, le *tarif des voyageurs*, les bureaux établis dans les localités desservies.

Toujours la Compagnie réserve des places en première ligne pour les voyageurs du chemin de fer. Puis la Compagnie, en échange

alloue une subvention convenue à l'entrepreneur.

Ces traités sont soumis à l'approbation du
ministre, en exécution de l'art. 53 du cahier
des charges, et ils ne deviennent exécutoires
qu'après l'approbation ministérielle.

Si les entrepreneurs trompaient le public
en réclamant un prix supérieur à celui fixé
par leurs traités, l'administration n'a pas
à se préoccuper de ces infractions; c'est à la
Compagnie qui a passé le traité à poursuivre.
Le contrôle de l'Etat n'a pas ici à intervenir;
il n'a pas en effet à approuver le tarif des
places, mais simplement les conditions générales mises par la Compagnie à l'accès et au
stationnement des voitures de correspondance
dans les gares.

Toutefois, sur un grand nombre de lignes,
et pour éviter les fraudes, les préfets dans
leurs arrêtés d'entrée en gare, ont pris la
sage précaution d'indiquer les prix à percevoir. De cette manière les infractions aux
dispositions des traités, dispositions repro-
duites dans les arrêtés préfectoraux *approuvés
par le ministre*, tombent sous le coup d'une
pénalité prévue et punie par l'art. 21 de la
loi du 15 juillet 1845, puisque, d'après l'art.
10 de l'ord. du 15 nov. 1846, l'arrêté préfec-

toral réglant le service des omnibus des gares, est légal et obligatoire. (Cass. 19 août 1859.)

— Mais si la Compagnie alloue une subvention à un entrepreneur, la concurrence avec cet entrepreneur est impossible?

— Non, car s'il est loisible à une Compagnie de faire des tarifs spéciaux pour le service des routes aboutissant au chemin de fer, il lui est expressément défendu de réserver le bénéfice de ces traités à une ou plusieurs seulement des entreprises de transport desservant ces mêmes routes. Il y aurait contravention à cette prohibition par cela seul qu'il serait prouvé que la Compagnie a refusé à l'un des entrepreneurs de transport le traité qu'elle a consenti à un autre. (Cass. 9 avril 1863. — 14 août 1863.)

Elle doit en faire profiter les entreprises desservant la même route, alors même que ces entreprises ne seraient formées que *postérieurement* aux arrangements ou avantages dont il s'agit; l'infraction résulte non du traité mais du refus d'admettre aux mêmes conditions toutes les entreprises. (Mêmes arrêts.)

— Je comprends. Autrement les Compagnies auraient encore le monopole du transport *au-delà de la voie ferrée.*

Mais lorsqu'elles ont ainsi organisé un service de correspondance, en sont-elles responsables ?

— Oui ; bien que l'entreprise perçoive un prix spécial et indépendant de celui des places sur le chemin de fer, et que ce soit une industrie distincte de l'exploitation de la voie ferrée. Car, lorsqu'une Compagnie a passé un traité avec un particulier pour le transport des voyageurs, l'entrepreneur de la route de correspondance et la Compagnie forment *une seule entreprise* composée des deux services réunis de la voie de fer et de la route de correspondance. (Cass. 30 juillet 1853.)

Dès lors, le recours contre la Compagnie de la part des voyageurs qui éprouvent quelque préjudice par suite de l'irrégularité du service de correspondance, est de droit commun. (Décis. minis. 21 oct. 1857.)

En conséquence, la Compagnie est responsable du service des agents attachés aux entreprises d'*omnibus* au même titre qu'elle est responsable en vertu de l'art. 1184 C. N. des faits et actes commis par les agents de l'exploitation. (Trib. Seine, 18 juillet. 1856. — Besançon, 21 janv et 25 août 1860.)

En effet, dans ce cas, le service des voitures *omnibus* se fait au nom de la Compagnie et dans l'intérêt de son exploitation de la voie ferrée. Ce service est confié à un entrepreneur qui la représente et à un conducteur choisi par celui-ci. Les employés de ce dernier, soit à la gare, soit à la conduite des chevaux et des voitures, sont soumis au règlement du chemin de fer et placés, pendant toute la durée de leur service, sous l'autorité immédiate de la Compagnie qui peut exiger leur renvoi.

Ces droits et cette autorité que s'est réservés la Compagnie, impliquent sa responsabilité. Pour empêcher le monopole des chemins de fer de se prolonger au-delà de leur parcours et pour assurer la complète égalité entre les diverses entreprises de transport desservant les mêmes routes, les Compagnies doivent donner avis aux autres entreprises, au moment où ils interviennent, des arrangements conclus avec l'un des entrepreneurs, pour les mettre à même d'en réclamer l'application à leur profit.

S'il en était autrement et si l'obligation de prendre l'initiative était imposée à l'industrie menacée par un arrangement qu'elle ignore, les salutaires prohibitions de la loi seraient facilement éludées et l'égale protection qu'elles ont pour but d'assurer aux entreprises rivales,

pourrait le plus souvent rester sans effet.
(Orléans, 22 déc. 1851.)

En effet, si des·entreprises par terre ou par
eau se confondant dans des conditions communes de trafic, n'étaient en réalité qu'un
prolongement de la voie ferrée, il pourrait y
avoir, par suite de la confusion de la voie
réservée au monopole, tout à la fois infraction aux lois qui régissent les chemins de fer
et infraction aux principes qui régissent les
voies de terre et d'eau et aux lois qui règlent
leur rapport avec le service du chemin de fer.
(Cass. 3 février 1855.)

N° 109.
Irresponsabilité
des
Compagnies.

— Mais alors dans quel cas les Compagnies
ne répondent-elles pas du fait des entrepreneurs des voitures de correspondance?

— Lorsque l'entrepreneur n'est pas l'agent
de la Compagnie. Ainsi, si un particulier
organise à ses risques et périls et pour son
propre compte, un service d'omnibus destiné
à transporter les voyageurs, cette entreprise
lui est personnelle; seul il en perçoit les
bénéfices, seul il en supporte les pertes. Dans
ce cas, *il règle à son gré le prix du transport
des voyageurs*, et la Compagnie ne s'immisçant
en rien dans cette industrie, n'en est pas
responsable.

Mais en ce cas même, si la Compagnie

donne son attache à ce service de correspondance en en fixant le mode d'exploitation, si
elle stipule pour les voyageurs en chemin de
fer des conditions spéciales de prix de transport, si elle se réserve un nombre de places
à prix réduit pour les voyageurs en voie ferrée, et si pour cela elle paie une indemnité à
l'entrepreneur ; si ce n'est là pour la Compagnie qu'un moyen de compléter jusqu'aux localités voisines de chaque gare le transport
des voyageurs ; si elle règle et fixe elle-même,
sans admettre contradiction, toutes les conditions réglant la forme et la capacité des voitures, le costume des conducteurs, le tarif des
transports, si elle soumet à une amende l'entrepreneur pour contravention à ce règlement ;
si elle soumet son service à toutes les mesures
d'ordre, de contrôle et de surveillance qu'elle
croit devoir adopter ; si l'entrepreneur est
soumis sans réserve à la volonté de la Compagnie, le tout à la charge par la Compagnie
de lui remettre une subvention mensuelle,
alors l'entrepreneur n'est que l'*agent*, que le
préposé de la Compagnie, et cette immixtion
de la Compagnie dans le service des correspondances la rendrait responsable des accidents arrivés aux voyageurs qui *ont le droit*

*d'exiger d'elle toutes les garanties de sécurité jus-
qu'à l'arrivée.*

Dès lors nous ne pouvons admettre la doctrine de l'arrêt de la Cour de Caen du 15 mai
1865 (Lequeux) qui, dans ces circonstances,
a exonéré la Compagnie. Seulement nous
pensons qu'en ce cas, la Compagnie ne serait
pas responsable d'accidents arrivés à d'autres
voyageurs qui *n'iraient pas prendre le chemin
de fer* ou qui *n'auraient pas employé ce mode de
transport au retour*. Dans ces cas, la Compagnie
n'est pas tenue de donner toute sécurité à des
*voyageurs étrangers à son service et à son exploi-
tation*. Elle ne doit répondre que de ses voyageurs et non de ceux d'autrui. C'est là la dis-
tinction à faire, d'après nous.

N° 110.
Omnibus
d'hôtel.

— Je vois dans la cour de la gare des
voitures particulières en station et portant
l'indication de l'hôtel auquel elles appartiennent. Est-ce que tout le monde peut faire
stationner sa voiture dans la gare ?

— L'art. 1ᵉʳ de l'ord. du 15 novembre 1846
porte : « L'entrée, le stationnement et la circulation des voitures publiques ou *particulières* destinées, soit au transport des personnes,
soit au transport des marchandises dans les
cours dépendant des stations de chemins de
fer, seront réglés par des arrêtés du préfet du

département. Ces arrêtés ne seront exécutoires qu'en vertu de l'approbation du Ministre. »

En conséquence, un arrêté par lequel un préfet interdit l'accès des gares d'un chemin de fer à moins d'une autorisation spéciale délivrée par lui, à toute voiture établie par les maîtres d'hôtel pour leur service particulier, et par des entrepreneurs pour le transport des voyageurs et des bagages, est *légal et obligatoire*. Dès lors toute contravention à cet arrêté est passible de la peine portée à l'art. 21 de la loi du 15 juillet 1845, sur la police des chemins de fer. (Paris, 9 février 1862. Cass., 6 décembre 1862.)

Mais les pouvoirs conférés aux préfets par l'art. 1er de l'ordonnance ont pour seul objet un *intérêt de police* afin de maintenir le bon ordre dans un lieu destiné à un usage public.

Dès lors, si un arrêté préfectoral n'autorisait un entrepreneur de voitures publiques à faire entrer et stationner ses voitures dans une gare que sous la condition de desservir *tous les trains*, une semblable disposition aurait pour objet, non de maintenir l'ordre et de prévenir le danger des encombrements dans les gares, mais d'intervenir dans les conditions de la concurrence entre les divers entrepreneurs qui font le service des correspondances de la station au dehors et réciproquement.

En conséquence, cette décision préfectorale ne pourrait être considérée comme ayant été prise *dans les limites de la légalité* et par suite elle devrait être annulée.

Il en serait de même de la décision prise par un préfet sous l'approbation du ministre, et qui n'autoriserait (*hôtelier* à faire entrer et stationner dans la co   de la gare des voitures destinées au service de son hôtel, *qu'à la condition de ne recevoir dans ces voitures que les voyageurs en provenance ou à destination de l'hôtel.*

C'est ce qu'a décidé le Conse.¹ d'État le 7 juin 1865.

Cette décision, d'une haute importance, est en opposition radicale avec la doctrine adoptée par la Cour de cassation dans la même affaire.

La Cour de cassation, cassant un arrêt de la Cour de Paris, le 25 août 1864, avait jugé que l'autorisation préfectorale dont les entrepreneurs de voitures publiques sont obligés de se munir pour faire entrer et stationner leurs voitures dans les gares, peut être soumise à toutes conditions ayant pour but le service public et l'exploitation prise à un point de vue général, et que dès lors en subordonnant l'autorisation accordée à l'obligation de desservir *tous les trains*, le préfet n'avait fait qu'user des attributions conférées à l'autorité administrative par l'art 1er de l'ordonnance du 15 novembre 1846.

Le Conseil d'État, au contraire, donnant à la disposition de l'ordonnance une interprétation plus restreinte, considère cette disposition comme n'attribuant à l'autorité préfectorale qu'un droit de police sur les gares dans l'intérêt de l'ordre matériel ; d'où la conséquence que cette autorité ne peut imposer aux voituriers qui désirent avoir accès dans les gares que des conditions se rattachant à cet intérêt matériel.

Cette interprétation nous semble préférable ; en voici les raisons :

La disposition d'un arrêté obligeant de desservir tous les trains de jour et de nuit, est attentatoire aux droits et à la liberté de l'industrie privée. Ce n'est pas là de la part du préfet l'exercice d'un simple droit de police, c'est l'immixtion de l'administration dans les conditions d'une concurrence commerciale qui aurait pour but de protéger le monopole conféré par la Compagnie à son correspondant, subventionné par elle, et rendre ainsi toute concurrence impossible. Car si l'on assujétit l'entrepreneur particulier à faire le service de tous les trains comme l'entrepreneur qui reçoit une subvention, on n'établit pas l'égalité, *puisque l'un ne reçoit rien, tandis que l'autre reçoit une indemnité pour le même service.*

De la sorte l'on établit bien *l'égalité des services*, mais à des conditions différentes. La subvention compense l'obligation onéreuse de desservir tous les trains, et si l'on force la concurrence à faire le même service *sans indemnité*, où est l'égalité ? Il y aura égalité de service, mais le monopole de la subvention sera conservé.

Dans cette situation la concurrence serait impossible, la lutte conduirait l'imprudent à une ruine inévitable. Ce serait là la consécration du monopole.

Nous estimons donc que celui qui s'adresse au Préfet pour obtenir l'autorisation, peut être tenu d'indiquer les *conditions* et les *heures de service* qu'il se propose de faire, puisque le Préfet a le droit et le devoir de les connaître, afin de régler en conséquence les mesures qu'il lui appartient de prendre pour la sûreté, la commodité et la liberté de la gare ; mais il ne peut exiger d'un entrepreneur libre qu'il fasse ou qu'il ne fasse pas tel ou tel service de transport en dehors de la gare, parce que ce n'est pas là de la police, mais une immixtion directe dans les débats d'une concurrence commerciale, et que ce n'est pas dans ce but qu'a été édictée l'ord. du 15 nov. 1846.

Le pouvoir de police n'a été conféré que pour la surveillance de la gare, en vue des mesures à prendre pour y maintenir l'ordre et prévenir le danger des encombrements. Dès lors l'autorisation ne peut être subordonnée à une condition qui n'aurait pas cet objet.

Voilà les motifs qui ont déterminé la décision du conseil d'Etat qui a statué ainsi :

« Considérant que si l'art. 1er de l'ord. du 15 nov. 1846 donne aux Préfets le droit de régler, sous l'approbation de notre Ministre des travaux publics, l'entrée, le stationnement et la circulation des voitures publiques et particulières dans les cours dépendant des stations des chemins de fer, cette attribution n'a été dévolue aux Préfets *que dans un intérêt de police* à l'effet de maintenir le bon ordre dans un lieu destiné à l'usage public ;

Considérant que les dispositions des arrêtés attaqués par lesquelles le Préfet du département de Seine-et-Marne n'a autorisé le sieur Lesb.. à faire entrer, circuler et stationner des *omnibus et autres voitures de louage* dans les cours attenant à la gare de Fontainebleau *que sous la condition de desservir tous les trains*, et lui a interdit de recevoir dans ses omnibus des voyageurs *autres que ceux à destination de son hôtel*, ne sont fondées ni sur les besoins de la surveillance de la gare, ni sur la nécessité des mesures à prendre pour y maintenir l'ordre et prévenir le danger des encombrements, mais qu'elles ont pour objet d'intervenir dans les conditions de la concurrence entre les diverses entreprises qui font le service des correspondances de la station à la ville et réciproquement ;

Que dans ces circonstances les dispositions desdits arrêtés n'ont pas été prises dans l'exercice des pouvoirs de police qui ont été conférés aux Préfets et à notre Ministre par l'art. 1er de l'ord. du 15 nov. 1846, que dès lors elles doivent être annulées pour excès de pouvoirs.»

Cette solution a une grande portée pour la liberté de l'industrie. Avis aux intéressés !

Elle l'affranchit des entraves administratives que la Cour de cassation avait jusqu'à ce jour approuvées dans diverses décisions. C'est là une raison de plus pour donner sans réserves notre entière adhésion à la décision du conseil d'Etat.

N° 111
Commissionnaires.

— Mais je vois en dehors de la cour de la

gare un grand nombre d'individus qui atten-
dent les voyageurs ; pourquoi?

— C'est pour porter leurs bagages.

— Pourquoi n'entrent-ils pas dans la cour
de la station ?

— Parce que les Préfets qui ont seuls, comme
tu le sais, le droit de réglementer le service
des gares, prennent des arrêtés à ce sujet qui,
en général, contiennent les dispositions suivantes :

« L'accès des cours est interdit aux men-
diants, aux vagabonds et à tous ceux qui viennent à la gare sans commission spéciale pour
offrir leurs services aux voyageurs ;

Les gens faisant l'office de commissionnaires
ne pourront stationner *qu'en dehors des portes
des cours* ; aucun d'eux ne pourra y entrer si
ce n'est sur la demande expresse d'un voyageur.

A la sortie des cours, il leur est interdit de
mettre la main sur les bagages portés par les
voyageurs ou par d'autres commissionnaires,
de *suivre* les voyageurs qui ne réclament pas
leurs services, et de former des attroupements
de manière à embarrasser la circulation.

A l'exception des voyageurs, les préposés de
la Compagnie peuvent *seuls* prendre et porter
les bagages des voitures à l'intérieur des gares et des gares aux voitures. »

7

— Je comprends cela. C'est une sage précaution et une salutaire mesure de police.

Mais le *cocher d'omnibus* ne peut-il pas s'introduire dans la gare pour réclamer les bagages d'un voyageur monté dans sa voiture ?

— Non, si l'arrêté préfectoral le défend.
Cet arrêté est une mesure prise pour assurer
l'ordre et la sûreté publique dans le service
des gares. Son exécution ne peut être subordonnée à la volonté des voyageurs. Dès lors
si cet arrêté défend aux cochers d'omnibus
de s'immiscer dans le service des bagages à
l'intérieur des gares, l'arrêté qui a force obligatoire, doit être respecté. Nul ne peut se soustraire à ses prescriptions. (Cassat. 11 nov.
1864.)

— Si, contrairement aux prescriptions de
l'arrêté du Préfet, un individu s'introduisait
dans la gare pour y obséder les voyageurs,
encourrait-il une peine ?

— Oui. Ce fait prohibé par l'arrêté préfectoral est placé sous la sanction correctionnelle
de l'art. 21 de la loi du 15 juillet 1845. Dès
lors c'est le tribunal correctionnel et non le
juge de paix, comme juge de police, qui est
compétent pour prononcer la peine, s'il y a
lieu. Si le juge de paix, comme juge de police,
était saisi de la poursuite, il devrait, confor-

mément à l'art. 160 C. inst. crim., renvoyer au tribunal correctionnel le jugement de la contravention à l'arrêté préfectoral. (Cassat. 17 mars 1866.)

— Tu m'as dit tout-à-l'heure qu'en cas de perte ou d'avarie et même de retard, j'avais une action contre la Compagnie responsable ; mais quand exercer cette action et devant quels juges ?

— Je vais répondre à la 1re question. La 2e sera l'objet spécial du chapitre suivant.

Aux termes de l'art. 108 C. comm. « Toutes actions contre le commissionnaire et le voiturier, à raison de la perte ou de l'avarie des marchandises, sont *prescrites*, après 6 mois pour les expéditions faites dans l'intérieur de la France, et après un an pour celles faites à l'étranger, le tout à compter, pour les cas de perte, du jour où le transport des marchandises aurait dû être effectué, et pour les cas d'avarie, du jour où la remise des marchandises aura été faite ; sans préjudice des cas de fraude et d'infidélité. »

— Mais cet article ne parle pas du *retard*; en ce cas est-il aussi applicable ?

— Non. La disposition de l'art. 108 édictant une prescription, et les prescriptions étant de droit étroit, ne peut être étendue par voie d'analogie d'un cas à un autre ; la prescription doit être restreinte rigoureusement aux cas spécifiés. Or, la prescription de 6 mois ne s'appliquant qu'à l'action pour *perte* et *avarie*, il suit qu'elle ne peut s'étendre au cas de *retard* non spécifié dans l'art. 108. (Cassat. 26 juillet 1859. Douai, 1er mars 1858, etc.)

— Mais l'art. 108 parle de *marchandises* perdues ou avariées, ma malle est donc une marchandise ?

— Non. La prescription de 6 mois dans ce cas ne peut être opposée au voyageur qui réclame une malle perdue. (Cass. 4 juillet 1816. Troplong, louage n° 928.)

Cependant cette question a été envisagée autrement par certains tribunaux et par quelques auteurs.

Comme elle présente un intérêt de chaque jour, je vais te donner quelques développements.

Voici en quels termes la question a été résolue d'abord par le tribunal de Nancy, et ensuite par la Cour de cassation qui a rejeté le pourvoi formé contre cette sentence :

« Attendu que l'art. 108 ne peut être appliqué au cas particulier, parce que cet article ne concerne que les négociants qui expédient des *marchandises* relatives à leur commerce, tandis qu'il est question *d'effets* qui appartiennent à un simple *particulier* qui a droit de les réclamer quand il le juge à propos. »

La Cour de cassation a dit :

« Attendu que l'art. 108 C. comm., est *inapplicable au transport d'une malle* qu'un particulier confie à un commissionnaire de roulage pour la faire parvenir à sa destination. »

Comme on le voit, la Cour de cassation se contente de déclarer très laconiquement que l'art. 108 est inapplicable au cas qui lui a été soumis. Cependant il eût été à désirer que son arrêt fût plus longuement motivé à propos d'une question qui se présente tous les jours.

Mais ce laconisme a fourni au savant président actuel de la Cour suprême, l'occasion de développer plus tard la pensée de la Cour.

Voici comment s'exprime sur ce point M. Troplong :

« Entre commerçants la durée de l'action contre le voiturier pour raison de perte ou d'avarie est fixée à 6 mois par l'art. 108 C. comm.;

En est-il de même dans les opérations de transport qui n'ont rien de commercial ? Je ne le pense pas. On ne saurait avoir la pensée de faire tourner au profit d'un charretier de la Compagnie par exemple, ou d'un fermier chargé d'un transport, la disposition de l'art. 108.

La Cour de cassation a même décidé, par arrêt de la chambre des requêtes, du 4 juillet 1816, que cet article n'est pas applicable au transport d'une *malle* qu'un particulier confie à un commissionnaire de roulage pour la faire arriver à destination.

On a dit que cet arrêt va trop loin, parce que le voiturier est commerçant et qu'il serait contraire aux usages du commerce de le forcer à garder pendant 30 ans la preuve de la remise. On invoque en outre le décret du 1er août 1810 qui ordonne, après 6 mois, la vente aux enchères et à la diligence de l'administration des domaines, des effets transportés, pour le produit en être versé au Trésor.

Il n'y a qu'un mot à répondre à ces objections : c'est que l'article 108 ne parle que de l'action pour perte ou avarie des *marchandises* ; le mot est textuel et deux fois répété. Or, la malle d'un particulier n'est pas une marchandise...

En définitive, il me semble donc que dans l'état des textes, il serait arbitraire et dangereux de s'écarter de l'arrêt de la chambre des requêtes. » (Troplong, louage n° 928.)

Dans tous les cas, la prescription ne peut

produire effet qu'autant que la Compagnie l'invoque, puisqu'il est de principe, que chacun étant maître de ses droits, peut renoncer à la prescription acquise. (Art. 2220 C. N.)

Lorsque plusieurs commissionnaires ont été chargés successivement et pour des distances différentes d'une expédition, ce n'est pas à partir du jour où le colis a été remis par un commissionnaire à un autre, mais du jour où il est parvenu à *destination finale* que court, pour le cas d'avarie, la prescription établie par l'art. 108. (Cass. 7 juin 1858.)

Et en cas de refus du colis pour cause d'avarie, la prescription ne court qu'à partir de l'offre réelle suivie de la consignation, l'offre en ce cas, équivaut à la remise (Paris, 3 mars 1863.)

— L'action intentée dans les 6 mois contre le commissionnaire principal interrompt-elle la prescription à l'égard des commissionnaires intermédiaires ?

— Oui, puisque d'après l'art 2249 C. N., l'interpellation faite à l'un des débiteurs solidaires, ou sa reconnaissance, interrompt la prescription contre tous les autres.

Or, tous les transporteurs quels qu'ils soient, étant solidaires de l'arrivée à destination du colis expédié, il suit que l'assigna-

N° 114.
Point de départ de la prescription dans le cas de plusieurs commissionnaires.

N° 115.
Interruption de la prescription.

tion donnée à l'un d'eux interrompt la prescription contre tous. (Colmar, 30 juin 1865.)

Du reste, la Compagnie ne pourrait invoquer la prescription :

1° Si elle avait reconnu par *lettres* sa responsabilité ;

2° Si elle avait payé un à-compte ;

3° Si elle avait fourni caution ;

4° Si elle avait donné un gage ;

5° Si elle avait demandé un délai pour payer.

Dans tous ces cas, il y a au moins renonciation tacite à la prescription.

Au surplus, les cas de renonciation à la prescription, pouvant se produire dans des conditions spéciales et particulières, et en dehors de ceux que nous venons d'énumérer, restent abandonnés à l'appréciation des magistrats.

N° 116.
Responsabilité
des
Intermédiaires.

— En cas de perte ou d'avarie, ai-je le droit de recourir contre le voiturier à qui j'ai remis mes effets ou contre l'intermédiaire de qui je les reçois ?

— Le voiturier à qui, au départ, tu remets tes effets, reste responsable de leur remise en bon état lors même qu'il aurait eu recours pour ce transport à des intermédiaires. (Nîmes, 18 nov. 1865.) Mais tu as aussi une action directe contre le commissionnaire intermédiaire qui te les remet. (Nîmes, 18 nov. 1865.) Ils sont solidairement responsables de leur remise en bon état, sauf à eux à discuter ensuite sur leur responsabilité réciproque.

CHAPITRE VII.

—

Sommaire.

N° 117. Tribunaux compétents.

N° 117
Compétence
judiciaire

— Mais devant quels tribunaux le voyageur peut-il assigner les Compagnies de chemins de fer, en cas de *perte*, *d'avarie* ou de *retard* de livraison des bagages qui l'accompagnent?

— Dans tous ces cas, le voyageur pourra, à son choix, porter son action au tribunal civil ou au tribunal de commerce.

— Mais si la demande en dommages-intérêts ne dépasse pas, par son chiffre, la compétence des juges de paix, pourra-t-il encore porter son action au tribunal de *commerce*, s'il le veut?

— Ici commence la difficulté. L'art. 2 de la loi du 25 mai 1838 porte :

« Les juges de paix prononcent sans appel *jusqu'à la valeur de* 100 *fr.*, et à charge d'appel jusqu'au taux de la compétence en dernier ressort (1,500 fr.) des tribunaux de première instance entre les voyageurs et les voituriers ou bateliers pour *retards*, frais de route, *perte* ou *avarie d'effets* accompagnant les voyageurs. »

Cette disposition de l'article 2 veut-elle dire qu'en ces cas, les juges de paix sont *seuls* compétents, à l'exclusion des tribunaux de commerce?

1° Une première opinion qui a pour elle un arrêt de la cour de Paris, à la date du 20 juin 1863, et un autre arrêt de la même Cour du 13 février 1844, soutient que le juge de paix est compétent, à *l'exclusion des tribunaux de commerce*, pour connaître des contestations entre voituriers et voyageurs relatives à la perte ou avarie d'effets accompagnant ces voyageurs, et ce, sans appel jusqu'à 100 fr., et à charge d'appel jusqu'à 1,500 fr.

Suivant ceux qui émettent cet avis, la loi de 1838 n'aurait pas créé une double juridiction au choix du voyageur. Elle n'aurait pas laissé l'option au voyageur entre le tribunal de commerce et la justice de paix. Elle aurait pour ces cas, abrogé les lois antérieures et créé une *seule* juridiction différente de la première. Depuis la loi de 1838, l'action en responsabilité ne pourrait plus être portée que devant les juges de paix, quand la somme réclamée ne dépasserait pas 1,500 fr.

Le 17 juin 1863, le tribunal de commerce

de Nantes s'est rallié à cette opinion en se déclarant *incompétent*.

2° Une deuxième opinion ayant pour elle la sanction de la Cour de cassation, prétend que l'art. 2 de la loi de 1838 n'a pas dérogé à la compétence des tribunaux de commerce, que cet article n'est applicable qu'aux *actions civiles* et non à celles qui se rattachant à des transactions commerciales, sont exclusivement de la compétence des tribunaux de commerce. Dans ce cas, c'est au tribunal de commerce, et non au juge de paix, de connaître des contestations entre un voyageur commerçant et une Compagnie de chemins de fer pour perte d'effets qui accompagnaient ce voyageur.

Le 4 novembre 1863, la Cour de cassation a dit :

« Attendu que les justices de paix sont des juridictions purement civiles, que si l'art. 1er de la loi du 25 mai 1838 attribue aux juges de paix la connaissance de toutes les actions personnelles en dernier ressort, jusqu'à la valeur de 100 fr. et à charge d'appel jusqu'à la valeur de 200 fr., cette attribution ne s'applique qu'aux affaires civiles et non à celles qui, se rattachant à des transactions commerciales, sont exclusivement de la compétence des tribunaux de commerce, — Que l'art. 2 plus spécialement applicable à certaines contestations, notamment aux contestations entre voyageurs et voituriers pour perte et avarie d'effets accompagnant les voyageurs. *n'a pas été conçue dans un autre esprit* ; — Que cet article n'a d'autre but que *d'étendre dans les cas qu'il prévoit*, la compétence à charge d'appel des juges de paix jusqu'au taux de la compétence en dernier ressort des tribunaux de première instance, mais non de changer les règles ordinaires des compétences civile et commerciale; — Que si la loi avait voulu établir une pareille dérogation au droit commun, elle l'aurait formellement exprimé; qu'elle aurait au moins autorisé les juges de paix, suivant les cas, à prononcer la contrainte par corps, désigné la juridiction supérieure devant laquelle seraient portés les appels, selon que le litige soumis au juge de paix, aurait été civil ou commercial. — Qu'il est donc impossible de donner à cet article, conçu dans les mêmes termes que l'article 1er, un sens différent et plus étendu. »

Ainsi, de la doctrine de cet arrêt il résulte d'une manière positive que la loi de 1838 n'a pas abrogé les lois antérieures. Seulement le législateur a voulu étendre jusqu'à

1,500 fr. la compétence des juges de paix, qui était restreinte jusque là à 200 fr., à charge d'appel.

Sans cette nouvelle disposition de la loi de 1838, le voyageur aurait été forcé de porter son action au tribunal civil de première instance lorsque la demande aurait dépassé 200 fr. Aujourd'hui, si sa demande ne dépasse pas 1,500 fr. (et non plus 200 fr.), il peut s'adresser au juge de paix.

Ce qui prouve que c'est bien ainsi qu'on doit entendre la loi, c'est que l'opinion contraire conduit à cette anomalie :

1° Quand la réclamation ne dépasserait pas 1,500 fr., le juge de paix serait *seul* compétent ;

2° Quand elle dépasserait ce chiffre, il y aurait *une autre juridiction*, bien que l'affaire fût de même nature.

Cependant tout le monde est d'accord sur ce point que la *nature* de l'action ne peut être tantôt civile, tantôt commerciale, au gré du demandeur.

Nous pensons donc que la loi de 1838 n'a pas voulu changer la compétence commerciale, et que dès lors le voyageur dont les bagages sont perdus ou avariés, a le droit d'assigner la Compagnie responsable devant le tribunal de commerce, alors même qu'il ne réclame pas 1,500 fr. Il peut, à volonté, user de l'article 2 de la loi de 1838, ou de l'art. 420 C. P. C., puisque la Compagnie fait un acte de commerce en transportant les voyageurs et les bagages.

Seulement l'action devrait être portée au tribunal de commerce lorsque le fait, à l'occasion duquel elle est formée, constitue un acte de commerce entre les deux parties.

En un mot, la loi de 1838 n'a eu pour but que de mettre à la disposition des voyageurs une juridiction de plus lorsque la demande excède 200 fr., de manière à ce qu'ils puissent promptement se faire rendre justice, et avec peu de frais, par les juges de paix dans les localités où il n'existe pas de tribunal de commerce. (Angers, 3 mai 1857. — Poitiers, 12 février 1861. — Cassat. 4 nov. 1863. — Trib. de comm. de Nevers, 9 juillet 1856.)

— Mais, dans ce cas, devant quel juge assigner? Est-ce devant celui du *siége* de la société ou devant celui du *domicile* du voyageur ou du *lieu de son arrivée?*

1° En règle générale c'est devant le tribunal ou le juge du siége de la société. (Cass. 5 avril 1859.)

2° Cependant la compagnie peut être assignée devant le tribunal du lieu où elle a une gare dans laquelle se trouve un centre d'opérations importantes. (Cass. 30 juin 1858.)

3° Mais le voyageur peut-il saisir de sa demande le tribunal du *lieu d'arrivée*?

La Cour d'Angers a décidé l'affirmative le 29 juillet 1853. Suivant elle, les principes contraires auraient les conséquences les plus déplorables. Si la prétention de faire porter au domicile le son principal établissement toutes les difficultés qui peuvent s'élever par suite de perte de bagages, était admise, la compagnie obtiendrait indirectement le privilège de se débarrasser en fait à peu près de toute responsabilité, pour les négligences et les infidélités possibles de ses agents, alors que les voyageurs seraient dans la nécessité de porter leurs réclamations au siège de la société.

Cette Cour ajoute qu'on peut presque dire qu'il y a une question morale et d'ordre public à ce que, pour la restitution des objets égarés ou pour les dommages-intérêts à en obtenir, les destinataires puissent l'assigner devant le juge de paix du lieu où l'obligation devait être exécutée.

Ces considérations d'un ordre élevé ont une très grande valeur morale, surtout quand il s'agit de légères avaries survenues aux bagages ou de pertes de minime valeur ; car dans la plupart des cas, les voyageurs préféreront renoncer à toute indemnité s'ils sont forcés de porter leurs réclamations devant le juge du siège social. Les embarras résultant pour eux de ce mode de procéder, ne seraient pas très souvent compensés par l'indemnité qui leur serait accordée. De là l'abandon de toute plainte et l'impunité pour les Compagnies.

Néanmoins, malgré ces raisons d'une très grande valeur morale, nous ne pouvons adopter une doctrine que rien en droit ne saurait justifier.

Si cette situation faite aux voyageurs est déplorable, elle est cependant un peu améliorée par l'applicabilité de l'article 420 C.P.C. à toutes les difficultés relatives aux transports opérés par les chemins de fer.

D'après cet article, les Compagnies peuvent être appelées, indépendamment du lieu de leur siège social, devant le Tribunal dans l'arrondissement duquel la promesse a été faite et la marchandise livrée. Or, s'il est vrai qu'en matière d'entreprises de transports, telles que celles des chemins de fer, on doive entendre par marchandise tout ce qui fait l'objet du commerce, en un mot le transport lui-même, (Cass. 26 février 1839. Paris, 31 juillet 1850,) on doit conclure de là que, soit au point de vue de la promesse faite et de la marchandise livrée, soit à celui du paiement, le tribunal du lieu où le voyageur a pris et payé sa place, peut être saisi des contestations nées du transport.

Le tribunal du *lieu de départ* sera donc compétent si le paiement, comme cela se pratique d'habitude, a lieu au départ. (Angers 29 juillet 1853. — Bourges 26 avail 1854. — Bordeaux 22 juillet 1857. — Cassation 29 avril 1856.)

Ainsi l'action peut être formée soit devant le juge du siège social, soit devant celui du principal établissement, soit de vant le juge du lieu où le *paiement a été effectué*. (Cass. 5 avril 1859.)

En général il serait évidemment préférable que le juge de l'arrivée fût également compétent en raison des minimes intérêts qui sont en jeu le plus souvent ; mais s'il y a sur ce point une lacune, c'est au législateur et non au juge à la combler.

Cependant les inconvénients de porter les difficultés au siège social, se trouvent sérieusement atténuées par l'applicabilité de l'art. 420 C. P. C. qui, dans tous les cas, donne au voyageur le droit de porter son action devant le juge *du départ*, puisque c'est là que le paiement a été ou dû être effectué, et que c'est là aussi que la promesse de transport a été faite et la marchandise livrée.

— Je te remercie de tes instructions, je crois maintenant mon apprentissage terminé. Dorénavant quand, dans le cours d'un voyage surgira une difficulté, je consulterai mes notes et mes souvenirs pour la résoudre à l'aide des renseignements que tu viens de me donner en détail.

— Mais j'y songe.... Si tu faisais profiter tout le monde de tes recherches? Le public, ma foi! ne t'en voudrait pas de chercher à lui être utile et d'essayer de le guider à travers ce dédale de lois, de règlements, d'arrêtés, de circulaires, d'instructions spéciales et de décisions judiciaires que pour mon compte j'ignorais complètement.

— Je le crois aussi... C'est pour cela que je vais tenter de faire du tout un petit volume qu'à tout hasard je lancerai dans le tourbillon de la publicité. Advienne que pourra!

— Hâte toi. — On réclame ce petit livre de toutes parts; fais donc gémir la presse (sans calembour entends-tu bien) et inonde nous au plus tôt d'un déluge de ces petits

livres qui peuvent être utiles surtout en ce
moment.

— Mais quel titre donner à ces recherches?
C'est la chose difficile à trouver. Car, par le
temps qui court, l'étiquette, tu le sais, sauve
la marchandise.

— Eh ! bien... le titre est tout trouvé.

— Quel est-il ?

— Le *Code du Voyageur en Chemins de fer*,
parbleu !

— Soit. Je prendrai ce titre; mais puisque
tu en es le parrain, je compte sur toi pour le
recommander au public et le prier de l'ac-
cueillir favorablement.

— Compte sur mon concours. J'en parlerai
à mes amis et connaissances, je le prônerai
en tous lieux, *urbi* et *orbi*, et bientôt chaque
voyageur en fera son compagnon de voyage.

— Puisque c'est là ton opinion, je n'hésite
plus, je vais en tenter l'impression à mes risques et périls, *Alea jacta est*.

— Mais écoute. Si tu émaillais ce petit
volume de quelques unes de ces scènes déli-
cieuses dont nous avons été les témoins durant nos agréables pérégrinations?

— J'y avais songé. Il serait d'une lecture
plus attrayante, et moins monotone, il fati-
guerait moins l'attention distraite du voya-

geur qui demande à être égayé, surtout en chemin de fer. Mais.... pour cela il faudrait avoir le talent bien rare de raconter spirituellement les plus petites choses, et alors, j'aurais besoin d'un collaborateur habitué à tailler finement sa plume, et à déposer sur papier satiné, les douces senteurs de son esprit fécond et pétillant de verve et d'originalité.

Les descriptions des localités célèbres à tous les titres, les contes amusants seraient, j'en conviens, une distraction charmante de voyage ; cela ferait rechercher la lecture de ce petit livre dont la gravité trop magistrale et la sèche monotonie disparaîtraient sous les fleurs parfumées de ces riantes peintures et de ces gracieuses descriptions.

Mais le petit volume deviendrait gros d'amusantes anecdotes et de feuilles d'impressions aussi...

— Et alors ?

— Il ne serait plus à la portée de toutes les bourses, et pour plaire davantage il se vendrait trop cher.

Voilà, mon cher, le motif qui me l'a fait resserrer en ces étroites limites, au risque de n'être pas de l'avis et du goût de tout le monde.

— Tu veux le rendre accessible à tous par

la modicité du prix? Je t'approuve. Je cours donc le prôner partout et je ferai tant des pieds et des mains que le public lui fera un accueil favorable.

— Je le souhaite, et je désire qu'on trouve quelque utilité à le lire.

— Un mot pour terminer. Tu me disais que grâce aux moyens de locomotion actuels, les disputes entre les peuples cesseront bientôt pour faire place à l'ère de la paix et de la fraternité : tu crois donc à la réalisation des rêves du bon abbé de Saint-Pierre dans un avenir peu éloigné ?

— Oui. Et si les passions des hommes ne sont point encore près de désarmer, si l'ambition gouverne encore leur conduite, le temps est proche où la justice et la raison règneront en souveraines. Les intérêts des peuples deviendront solidaires; la ruine de l'un fera sentir son contre coup funeste chez les autres, et alors tous auront un intérêt commun à éviter ces ruineuses catastrophes qui viennent de temps à autre affliger l'humanité.

C'est là une utopie, dira-t-on? Soit. Mais c'est un rêve généreux que la sagesse des Nations s'efforcera de réaliser au profit de tous. Les chemins de fer y aideront puissamment; c'est là du moins mon opinion.

PRIX DES PLACES

La perception des Tarifs n'est jamais au-dessous de
6 kilomètres (art. 49 du cahier des charges).

DISTANCES	1re CLASSE.		2e CLASSE.		3e CLASSE	
kilom.	fr.	c.	fr.	c.	fr.	c.
1	0	112	0	084	0	0616
6	0	60	0	60	0	40
7	0	80	0	60	0	40
8	0	80	0	60	0	40
9	1	»	0	80	0	60
10	1	15	0	80	0	60
11	1	15	1	»	0	60
12	1	40	1	»	0	80
13	1	40	1	»	0	80
14	1	60	1	20	0	80
15	1	60	1	20	1	»
16	1	80	1	40	1	»
17	2	»	1	40	1	»
18	2	»	1	60	1	20
19	2	20	1	60	1	20
20	2	20	1	60	1	20
21	2	40	1	80	1	20
22	2	40	1	80	1	40
23	2	60	2	»	1	40
24	2	60	2	»	1	40

DISTANCES	1re CLASSE.		2e CLASSE.		3e CLASSE	
	fr.	c.	fr.	c.	fr.	c.
25	2	80	2	20	1	60
26	3	»	2	20	1	60
27	3	»	2	20	1	60
28	3	20	2	20	1	40
29	3	20	2	40	1	80
30	3	40	2	60	1	80
31	3	40	2	60	2	»
32	3	60	2	60	2	»
33	3	60	2	80	2	»
34	3	80	2	80	2	»
35	4	»	3	»	2	20
36	4	»	3	»	2	20
37	4	20	3	20	2	20
38	4	20	3	20	2	40
39	4	40	3	20	2	40
40	4	40	3	40	2	40
41	4	60	3	40	2	60
42	4	80	3	60	2	60
43	4	80	3	60	2	60
44	5	»	3	60	2	80
45	5	»	3	80	2	80
46	5	20	3	80	2	80
47	5	20	4	»	2	80
48	5	40	4	»	3	»
49	5	40	4	20	3	»

DISTANCES	1re CLASSE.		2e CLASSE.		3e CLASSE	
	fr.	c.	fr.	c.	fr.	c.
50	5	60	4	20	3	»
51	5	80	4	20	3	20
52	5	80	4	40	3	20
53	6	»	4	40	3	20
54	6	»	4	60	3	40
55	6	20	4	60	3	40
56	6	20	4	80	3	40
57	6	40	4	80	3	60
58	6	40	4	80	3	60
59	6	60	5	»	3	60
60	6	80	5	»	3	60
61	6	80	5	20	3	80
62	7	»	5	20	3	80
63	7	»	5	20	3	80
64	7	20	5	40	4	»
65	7	20	5	40	4	»
66	7	40	5	60	4	»
67	7	60	5	60	4	20
68	7	60	5	80	4	20
69	7	80	5	80	4	20
70	7	80	5	80	4	40
71	8	»	6	»	4	40
72	8	»	6	»	4	40
73	8	20	6	20	4	40
74	8	20	6	20	4	60

DISTANCES	1re CLASSE.	2e CLASSE.	3e CLASSE
	fr. c.	fr. c.	fr. o.
75	8 40	6 40	4 60
76	8 60	6 40	4 60
77	8 60	6 40	4 80
78	8 80	6 60	4 80
79	8 80	6 60	4 80
80	9 »	6 80	5 »
81	9 »	6 80	5 »
82	9 20	6 80	5 »
83	9 20	7 »	5 20
84	9 40	7 »	5 20
85	9 60	7 20	5 20
86	9 60	7 20	5 20
87	9 80.	7 40	5 40
88	9 80	7 40	5 40
89	10 »	7 40	5 40
90	10 »	7 60	5 60
91	10 20	7 60	5 60
92	10 40	7 80	5 60
93	10 40	7 80	5 80
94	10 60	7 80	5 80
95	10 60	8 »	5 80
96	10 80	8 »	6 »
97	10 80	8 20	6 »
98	11 »	8 20	6 »
99	11 »	8 40	6 »

DISTANCES	1re CLASSE.	2e CLASSE.	3e CLASSE

DISTANCES	1re CLASSE.		2e CLASSE.		3e CLASSE	
	fr.	c.	fr.	c.	fr.	c.
100	11	20	8	40	6	20
101	11	40	8	40	6	20
102	11	40	8	60	6	20
103	11	60	8	60	6	40
104	11	60	8	80	6	40
105	11	80	8	80	6	40
106	11	80	9	»	6	60
107	12	»	9	»	6	60
108	12	»	9	»	6	60
109	12	20	9	20	6	80
110	12	40	9	20	6	80
111	12	40	9	40	6	80
112	12	60	9	40	6	80
113	12	60	9	40	7	»
114	12	80	9	60	7	»
115	12	80	9	60	7	»
116	13	»	9	80	7	20
117	13	20	9	80	7	20
118	13	20	10	»	7	20
119	13	40	10	»	7	40
120	13	40	10	»	7	40
121	13	60	10	20	7	40
122	13	60	10	20	7	60
123	13	80	10	40	7	60
124	13	80	10	40	7	60

DISTANCES	1re CLASSE.	2e CLASSE.	3e CLASSE
	fr. c.	fr. c.	fr. c.
125	14 »	10 60	7 80
126	14 20	10 60	7 80
127	.14 20	10 60	7 80
128	14 40	10 80	7 80
129	14 40	10 80	8 »
130	14 60	11 »	8 »
140	15 60	11 80	8 60
150	16 80	12 60	9 20
160	18 »	13 40	9 80
175	19 60	14 80	10 80
200	22 40	16 80	12 40
225	25 20	19 »	13 80
250	28 »	21 »	15 40
300	33 60	25 20	18 40
350	39 20	29 40	21 60
400	44 80	33 60	24 60
450	50 40	37 80	27 80
500	56 »	42 »	30 80
550	61 60	46 20	33 80
600	67 20	50 40	37 »
700	78 40	58 80	43 20
800	89 60	67 20	49 20
900	100 80	75 60	55 40
1,000	114 40	84 »	62 »
1,100	123 20	92 40	67 76
1,200	154 40	100 80	74 »

PRIX DU TRANSPORT DES CHIENS

La perception n'est jamais moindre de 19 kilom , ou de 30 c.; de plus il est perçu 10 c. pour enregistrement.

(Arrêté minist. du 30 avril 1862.)

DISTANCES	PRIX.	DISTANCES	PRIX.
kilom.	fr. c.	kilom.	fr. c.
1	0 0168	175	2 95
1 à 19	0 30	200	3 35
20 à 22	0 35	225	3 80
23 à 25	0 40	250	4 20
30	0 50	300	5 05
40	0 55	350	5 90
50	0 65	400	6 70
60	1 »	450	7 55
75	1 25	500	8 40
80	1 35	550	9 25
90	1 50	600	10 10
100	1 70	700	11 75
110	1 85	800	13 45
120	2 »	900	15 10
125	2 10	1,000	16 80
130	2 20	1,100	18 50
150	2 50	1,200	20 15
160	2 70		

TABLE DES CHAPITRES.

—

CHAPITRE PREMIER.

N°s 1. Distribution des billets. — 2. Prix des places. — 3. Enfants, militaires, orphéonistes, élèves des lycées, des séminaires et des pensionnats. — 4. Enregistrement des bagages. — 5. Déclaration des valeurs, bijoux, or, argent et objets précieux. — 6. Taxe des bagages. Franchise, enfants, militaires. — 7. Tarif des finances et objets précieux. — 8. Fausse déclaration. — 9. Déclaration exagérée, conséquences. — 10. Suscription apparente. — 11. Excédant de bagages. — 12. Emprunt de billets de place appartenant à d'autres voyageurs. — 13. Même société, même famille. — 14. Emprunt de billets par un expéditeur ne voyageant pas avec ses marchandises. — 15. Paquets, sacs à la main. —16. Sacs d'espèces gardés par les voyageurs. — 17. Sommes d'argent renfermées dans les malles. Perte ou détournement. - 18. Chiens, taxes. - 19. Chiens sans voyageurs. —20 Animaux en cage ou en paniers. — 21. Le billet pour un train peut-il servir pour

CHAPITRE IV.

Nos 48 Composition des trains. — 49. Différentes sortes de trains affectés aux voyageurs. Trains *omnibus, directs, express et poste*. Trains mixtes, trains extraordinaires. — 50. Voitures des 3 classes, leurs agencements. — 51. Indication du nombre des places, leur dimension. — 52. Postes, dames seules, réservé. — 53. Places de luxe, coupés, salons, wagons-lits. — 54. Prix de ces places. — 55. Nombre limité des voyageurs. — 56. Billets des 3 classes. — 57. Trains extraordinaires. — 58. Trains directs, 3me classe. — 59. Cartes d'abonnement. — 60. Perte de la carte. — 61. Billets d'aller et retour. — 62. Descente à une station plus éloignée. Continuation du voyage avec un billet ordinaire. 63. Billets périmés. — 64. Usage d'un billet périmé. — 65. Billets falsifiés. — 66. Billets de parcours, trains de plaisir. — 67. Traversée en mer. — 68. Convention avec une compagnie étrangère.

CHAPITRE V.

Nos 69. Marche des trains, vitesse ordinaire. — 70. Pentes. — 71. Ralentissement aux approches d'une station, sons de trompe. — 72. Heure règlementaire. — 73. Intervalle

CHAPITRE VI.

CHAPITRE VII.

TABLE ANALYTIQUE DES MATIÈRES

PAR ORDRE ALPHABÉTIQUE.

A.

B.

D.

Domicile des Compagnies (v. compétence).
Drapeaux vert, rouge, 38.

E.

Echantillons de voyageurs, perte, retard dans la remise, 100.
Eclairage des trains, stations, souterrains, 80.
Elèves des lycées, pensionnats, etc., 3.
Emprunt de billets à un autre voyageur, 12, 13 et 14. — Par un expéditeur n'accompagnant pas ses colis, 14.
Enfants, 3.
Enregistrement des bagages, 4. — Perte du bulletin, 24.
Entrée dans la salle indiquée par le billet, 28. — Dans les voitures, 39. — Dans un compartiment autre que celui du billet, 46.
Espèces (sacs d') gardés par les voyageurs, 20.
Excédant de bagages, 11.

F.

Fausses déclarations, 8.
Fermeture du bureau d'enregistrement des bagages, 23. — Des salles d'attente, 32.
Force majeure, 49 et 50.
Frais accessoires des transports par chemins de fer sont réglés annuellement par le Ministre des travaux publics.

M.

N.

O.

P.

T

U

Saint-Etienne, imp. BENEVENT, place de l'Hôtel-de-Ville, 4.

Contraste insuffisant